你来定义你的人生

You define your Life

钟婉 著

从零到年销售额破亿
『老钟驾到』创始人的人生改变之路

民主与建设出版社
·北京·

© 民主与建设出版社，2022

图书在版编目 (CIP) 数据

你来定义你的人生 / 钟婉著 . — 北京：民主与建设出版社，2022.3

ISBN 978-7-5139-3774-0

Ⅰ.①你… Ⅱ.①钟… Ⅲ.①钟婉—生平事迹 Ⅳ.① K828.3

中国版本图书馆 CIP 数据核字（2022）第 042887 号

你来定义 你的人生
NI LAI DINGYI NI DE RENSHENG

著　者	钟　婉
责任编辑	程　旭
封面设计	仙　境
版式设计	刘宇航
出版发行	民主与建设出版社有限责任公司
电　话	（010）59417747　59419778
社　址	北京市海淀区西三环中路 10 号望海楼 E 座 7 层
邮　编	100142
印　刷	北京地大彩印有限公司
版　次	2022 年 3 月第 1 版
印　次	2022 年 5 月第 1 次印刷
开　本	880 毫米 ×1230 毫米　　1/32
印　张	8.5
字　数	179 千字
书　号	ISBN 978-7-5139-3774-0
定　价	63.00 元

注：如有印、装质量问题，请与出版社联系。

· 推荐序1·

"她时代"的美丽人生

品观董事长、CiE美妆展创始人　邓敏

　　小婉忐忑地发来微信:"我又来啦,想邀请老师帮我新书写序。"

　　"又一本书?"我问,因为刚给小婉写过新书推荐语。

　　"出版社看了推荐语,觉得您很有文采,又是一位女企业家,希望再写一篇序。"

　　女企业家不敢当,我作为媒体人,倒是见过不少企业家。最近几年女企业家越来越多,各行各业中,有女老板、女CEO、女科学家、女艺术家……短短数年间,女性从家庭走向职场,以现代女性的魅力融入社会,不仅丰富了时代,更推动着创新,"她时代"不断赋予着女性新的价值。

　　开疆拓土,从无到有,需要男性气概的勇往直前与担当;而从有到好,从好到更好,需要女性气概的韧性与美丽洞察。随着"人民追求美好生活"成为时代奋斗目标,女性迎来了"她时代",在推动美好生活上,不管是创造生活,还是感受生活,女性都将扮演重要的角色。

　　"她时代"是一个不断唤醒女性觉知的时代,相对于男性,女性细腻的感知力、觉察力有着独特的价值。"老钟驾到"是小婉感知、洞察消费者的平台,粉丝们是小婉亦师亦友的伙伴,在无数次的互动、交流中,她感受到她们的困惑与迷茫。对于现代女性,什么是成功？什么是爱？什么是家庭与事业的和谐？……时代给了女性诸多机会的同时，也没忘记设置重重迷雾。回顾18年的创业历程，从淘宝店主到网红再到女企业家，小婉试图通过自己探索美丽人生的体悟，给粉丝们一些启发与帮助。

蒙田《随笔集》中曾言："最美丽的人生是以平凡的人性作为楷模。"小婉相信：人人生而平凡，但可以定义不平凡的人生。女性如花，各有各的花期，美丽人生没有标准答案，勇敢地用行动定义自己的美丽人生，这是小婉给粉丝们真诚而朴实的答卷。

小婉是"新青年学园"的优秀学员，毕业答辩时，论文《从昙花一现的网红到可传承的人格品牌》[1]获得了一等奖。"真实、真诚、有思考、有锋芒"是几位男性导师对小婉的一致评价。

同为女性创业者，从小婉的思考里，我看到的是一种充满灵性、富有创造力的生命探索。在信息透明的互联网时代，塑造人格品牌是需要极大勇气的。内外兼修的美丽人格是"老钟驾到"品牌的灵魂，从经营好物到关注、陪伴女性成长，小婉将用爱跨越商业的边界。

无惧标签，小婉拒绝被定义，不断改变着大家对网红、女老板、女企业家的单一认知。相信以女性的细腻、坚韧、善良和勤勉，小婉将会再次超越自我，不负"她时代"，重新定义美丽人生。

---

[1] 全文详见附录一。

· 推荐序2 ·

梦想不可笑，坚持特别酷

佩莱集团渠道事业部总经理　黄敏嘉

2022年初的冬奥会，一位叫谷爱凌[①]的女孩一夜间火遍全中国。她的采访中有一段让我印象很深刻，记者问："你能说会道，让很多人喜欢你，但是也引起了一些争议，你怎么看？"谷爱凌说："我不打算迎合所有的人，我也不必要让所有的人都喜欢我，我只想在我所热爱的领域尽我所能做出努力，让它能变得更好！"

这就是她的人格魅力。一个人首先要敢于成为自己，这种气场无疑也是每一位在路上奋斗的人值得学习的一种力量。

而这种力量，我从这本书的作者，也是"老钟驾到"的创始人——钟婉女士身上同样感受到。于是，有了今天的这篇推荐序。

得知钟女士要出书时，我第一反应是："想做就做，与其让他人道听途说你的故事来猜测你，不如主动表达，让人们听见、了解更真实的你。去表达，让客户认同你、选择你；去表达，让员工信任你、追随你；去表达，让同行了解你、尊重你；去表达，让股东相信你、支持你！"

这也是一种社会责任吧，当我们站在聚光灯之下，所要做的就

[①] 谷爱凌，18岁于2022年北京冬奥会中荣获女子自由式滑雪大跳台金牌、女子自由式滑雪U型场地技巧金牌和女子自由式滑雪坡面障碍技巧银牌，成为奥运史上最年轻的自由滑雪金牌得主、中国历史上第一位奥运会自由滑雪金牌得主，和唯一一位赢得"大满贯"（世界杯、XGAME、世界锦标赛和奥运会冠军）的自由式滑雪女运动员。此前已被美国斯坦福大学录取。——编者注

是尽一切可能去表达我们的所思、所想、所行、所信，为了让企业、让行业变得更好而多做一份努力。虽然不一定每个企业家都是"刘备"，但我相信大家都渴望遇见自己的"孔明"。通过为自己正言，来直面舆论的误解和偏见；通过公示自己的历程，来接受时间的检验；通过宣示自己的志愿，来吸引更多同道者共创未来；也通过传播自己的力量，让社会需要的角落不再孤单。

经济在重构，市场在重构，我们的机遇，也在重构。在我从事企业管理和美妆事业的20多年中，经过市场的实战和大量的学习，渐渐领悟到商业竞争归根结底是思想的比拼，是智慧的对决，是战略的竞赛。如果只是想赚一笔钱，方法也许很多；但如果想做一个真正有价值、有生命力的企业，就离不开强而有力的思想和战略。这是企业创始人的必修课，更是一场自我迭代的修炼。而在本书中，钟女士对其独到的领导、经营心得和修炼方法倾囊相授，值得正在攀登、正在迷茫或正在转型的男女创业者们参详一二。

选择将企业做成独一无二的品牌，是钟女士不屈的坚持，也是我们所有企业人的初心。毕竟，产品只是满足了需求，而品牌才能形成偏爱。我们都是贪心的孩子，想要成为大家的"偏爱"！

有言道："梦想不可笑，坚持特别酷。"无论你的梦想是什么，做企业、做学问、做艺术、做运动还是其他，给它一点时间，终会感谢没有放弃的自己。

存远志，常读书，惜四时，未来可期。希望你也能从本书中汲取实现梦想、掌控人生的力量！

· 自　序 ·

所有的经历，都是必经之路

我为什么要写这本书？

因为我想给普通女孩呈现一个样本——我，一个"三无"女孩（无钱、无貌、无背景），一个"三不靠"女生（不靠祖上、不靠父母、不靠伴侣），是怎么从一无所有走到了现在。从小，我就是那个丢进人群里也找不出来的普通女孩，父母不疼、老师不爱，我单枪匹马野蛮成长，到了现在，过得也还挺好。

我是谁？当我自问这个问题时，脑海里闪现出过往生命中的诸多回忆。

是因为买不起新裙子不能参加表演而偷偷哭泣的幼儿园女孩；

是四年级被自己暗恋的男生以皮肤太黑为理由拒绝的小学女生；

是和闺密坐在天台迎着风说自己的梦想是当公务员的初中女生；

是吃不起一碗米线在食堂兜兜转转遇到室友蹭饭的大学女生；

是挤在闷热的出租屋三天三夜没合眼拼命工作的创业青年；

是创业挤进全国二十强却又急流勇退成为五年全职妈妈的女人；

是复出五年后拼命将公司做进CCTV《大国匠心》节目的女人；

是十八年如一日坚持"为女人选好物"的女人。

是的，以上都是我。

在别人看来，我有太多的标签："老钟驾到"品牌创始人、Q时代女性终身成长平台创始人、全球购品牌选品官、阿里巴巴全球美妆战略合作商……

  但我清楚地知道，我是钟婉，我只是一个能力有限的小女人。

  我一直在探索自己能力的边界。每当我以为，这就是我的边界时，就又奇迹般地向前拓展了一点点。就这样，我跌跌撞撞地走到了现在。我不知道未来会怎样，但我从未放弃过尝试和努力。在这个世界里，我像一个无知无畏的冒险家，永远有着旺盛的好奇心和进取心，永远喜欢朝着未知的远方去探索。每次探得一个岛屿，便如获至宝；在寻宝的过程中，我遇见过太多艰难险阻，但也一一碾压过去了。

  与此同时，我看到了女性群体面临的艰难状况。青春期的女孩迷失在成长中，结了婚的女性遇到家庭危机，打拼的女性陷入了创业困境。她们经历的所有痛苦，我都深刻地感受过。我那些闯关的经验如果只帮我一个人越过越好，是毫无意义的；我想分享出来，帮助更多的人。

  这便是我写这本书的初衷，写给所有的中国女性。如果你感到困惑、迷茫、艰难，如果你感到忧郁、焦躁、失望，那么请打开这本书。

  我的成功可能有运气的成分，但也有努力的因素，在这本书里，你能看到最真实的我。那些不为人知的艰难和酸涩，那些暗夜降临的痛苦和压抑，还有一些让人心寒的背叛和离别，我将自己的真实原原本本地剖析出来，呈现给你。

  当然，除了至暗时刻，我还讲述了自己从一个普通家庭中成长的经历，还有18年创业的低谷与成就，这里有系统的干货知识和可实操的方法论。如果看完这本书，你也能够从我的故事中汲取一点力量和前进的动力，那么请务必告诉我。

有些人死在了20岁，有些人死在了30岁，你呢？这个"死"并不是肉体上的消亡，而是精神上的枯萎。当你的脑海中升起这个念头，不想再努力，不想再进取，死亡的钟声将会响起……回过头看，原来我人生中所有走过的路，无论是挫折、磨难、坎坷，都是必经之路，是它们造就了现在的我。

我写这些内容的时候，正在准备"老钟驾到"的年度演讲，我的主题是"撕破标签，重塑自我"，地点定在珠海大剧院。我知道，这又是新的起航，我要站在舞台上，向所有人分享我自己。

你见过凌晨4点的珠海吗？

我每天见证着凌晨4点的珠海，霓虹灯从明到灭，从灭到明。没有哪一种成功是轻松的，除非你想依靠他人，但依靠他人也是要付出代价的。我一直走在风口浪尖上，我一路披荆斩棘，不怕摔倒，不惧挫败。我其实就想去试试，一个普通女性的边界到底在哪里，我的人生是否还有更多的可能。

我从泥坑里一步步走过来，再难的路，我都蹚过。

这些年，我感受最深的是，走任何一条路都是需要付出相应的代价的。而你脚下踩过的每一条路，都将改变你的一生。创业是很难的，女性创业更是难上加难。很多人看女性创业者时，都会露出一种微妙的神情，可能在暗自揣度着：她的背后是不是有人，是不是有靠山。不好意思，您会错意了，这些我都没有，我只用一腔热血创了事业，我只凭赤手空拳打了天下。

  一个人，当他知道自己的软目标在哪里，且懂得该付出怎样的代价时，便将无坚不摧。我能力有限，心智无限，想要学习到老，想要折腾到老，想要成为这个时代普通女孩的珍稀样本。

  你，准备好参与我的人生了吗？

  那就请认真翻开这本书，一起拓展你我的边界吧！

·目 录·

成长篇　野蛮生长

002　冲破樊篱，打破偏见
008　至暗时刻，我自为光
016　缺憾心伤，化为梦想
022　无须嫁富，自有富贵
027　终身学习，持续进阶

创业篇　保持战斗

036　夜航：人生节点，由我做主
043　经营：坚守阵地，"剩"者为王
051　绝境：当断则断，从0再来
060　团队：真诚为本，互利共赢
070　人才：品格是1，能力是0
078　定力：安不忘危，危不自弃

生活篇　　打磨幸福

088　婚姻：相信爱情，主动创造

095　人母：全盛时期，回归家庭

101　教育：快乐第一，成绩为次

109　开阔：亲子旅行，见天见地

116　张弛：育儿秘诀，当作朋友

123　平衡：转换身份，深耕时间

129　交友：雪中送炭，方为真情

修炼篇　　充盈灵魂

138　时尚：不迷品牌，活成品牌

145　自律：内外兼修，长葆美丽

151　自爱：五个秘密，聚焦能量

158　公益：绵薄之力，照亮一方

思维篇　　专注到底

166　利他法则

177　舍得法则

185　人脉法则

目录

191　焦虑处方

198　死磕精神

207　突破意识

213　不设极限

附录

222　附录一·从昙花一现的网红到可传承的个人品牌

236　附录二·致女儿的一封信

242　附录三·致亲爱的女孩：给你九个人生锦囊

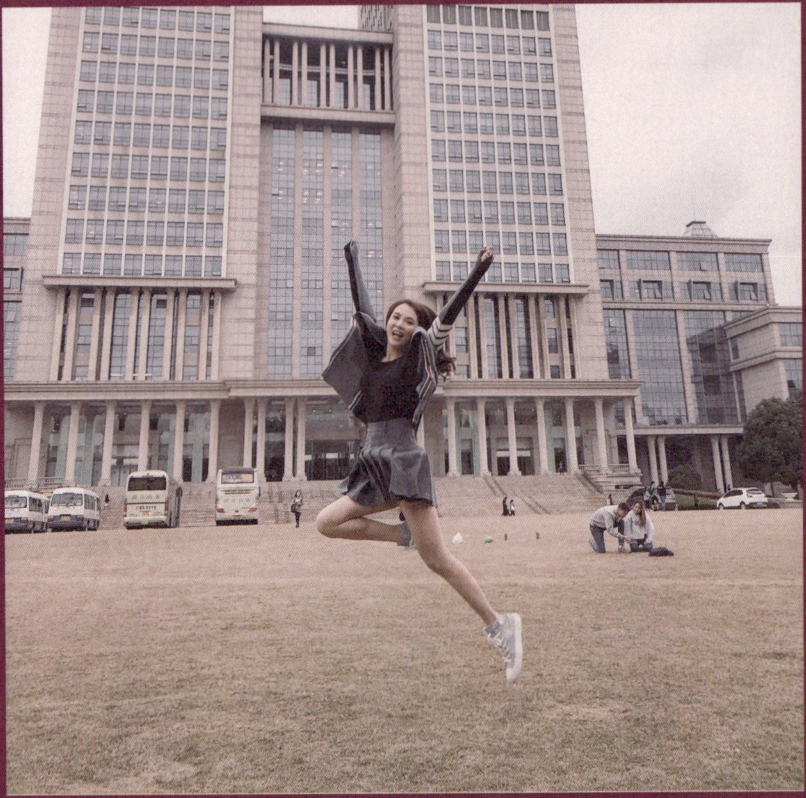

成长篇
野蛮生长

「性别偏见？贫富偏见？外貌偏见？那些杀不死我的，终将成为我的养料。」

冲破樊篱，打破偏见

37年前的初秋，在广东一个偏远小镇，有个即将临盆的年轻孕妇，笑呵呵地和街坊邻居饭后闲聊。

"啧啧，看这形状啊，准是儿子，你真好命！"大家乐津津地观摩她的肚子，几个中年妇女你一言我一语地议论开来。孕妇听了，暗自欢喜，却稍作谦虚说："哎呀，这个可不好说，要等生下来才知道呢。"其实，她的内心笃定，必是儿子。自从显怀，人人都说看着像是儿子，家婆尤其坚信这一点。她每天忙前忙后，做饭煮汤，营养搭配，小心翼翼地呵护着儿媳妇肚子里的宝贝。

一个风平浪静的日子，阵痛袭来，孕妇着急忙慌到了医院，准备喜迎儿子。经过撕心裂肺的剧痛之后，终于生下了6斤的宝宝。她不顾疼痛，开心地问道："是儿子吧？"

是的，医生怀里抱着的那个孩子，就是我。

我妈看到是个女儿，脑袋轰的一声炸了，不敢相信，脸上的笑容瞬间凝固。她愤怒地质疑："什么，怎么可能是女儿？明明是个儿子，是不是你偷换了我儿子？"

"整个产房只有你一个人,我拿什么和你换呢?"医生无奈地解释。

"我和孩子爸都不黑,她怎么可能这么黑?"我妈依然处于震惊中。

"肤色不重要,孩子健康就好。"医生只能尽量安抚。

我爸当时在酒店做修理工,正在他要赶往医院时,酒店发生了怪事,10年未出问题的电梯电缆突然断了。危急当头,爸爸只能抓紧工作。我的奶奶估摸着生产时间,提着老火靓汤,踩点到了医院。她没有直接去产房,而是急匆匆地奔向护士问:"38床生了吗?是男孩吧?"护士核对信息后,摇头说:"不是男孩,是女孩。"奶奶生气地说:"小姑娘,你可别乱说,一定要看好了。"护士无奈:"不如您亲自去看。"

奶奶开心地提着汤找到38床,乐呵呵地喊了一句:"奶奶来看孙子啦!"

"妈,"我妈低声羞愧地说,"是孙女。"

奶奶的脸瞬时煞白,等她反应过来我妈不是在开玩笑时,掉头就走,十分决绝。

我妈当时刚生完孩子,饥肠辘辘,精力耗损,非常虚弱,连一口热汤也没有喝到。她心寒至极,潸然泪下,才真正懂得,为什么人人都想要男孩。男孩才是家里地位的保证。一颗种子在心里发芽:"我一定要生出儿子!"这也就是为什么后来,她用了15年的努力,才生下一个儿子。

等我爸修好电梯,晚上赶到医院时,看着黑不溜秋、眼睛滚圆的我，也是一脸震惊。

我是一个不被祝福的女孩，我的出生就是一个意外。

我妈出院后，根本不知道怎么照顾小孩。她没有经验，又在坐月子，家婆不来帮忙，她一个人手忙脚乱带着我。爷爷勉为其难来看我，是为了起名字。听说隔壁村有个叫婉的姑娘考上了大学，爷爷看了一眼黑瘦的我："就叫钟婉吧，希望以后有出息。"

所有人期盼我出人头地，不是为了让我有个光明的未来，而是为了让我成为他们的面子与荣耀。

很多年后，我不仅成了家族第一个女大学生，更是第一个大学生。

我1岁时，家里已经揭不开锅了，妈妈必须要去工作。而我才刚刚学会走路，摇摇摆摆。他们找托儿所所长收留我，但托儿所不收这么小的孩子。我妈乞求所长，就差跪下了："只要她不吃大便，就没事。"

于是，1岁的我开始混迹于大孩子堆里。我当时太小，生活不能自理。我爸说，每天晚上接我回家时，黑不溜秋的我，像是刚从煤矿里挖出来的。没有人告诉我要讲卫生、爱干净，我只知道吃饱饭才能活下去。

托儿所是我进入的第一个"小社会"，无所依靠，只能靠自己。很多人说我有强大的学习能力，成长很快，1岁多时的自理能力就像两三岁的孩子。在托儿所，面对众多的哥哥姐姐，要想不被欺负、不被挨打，大概也付出了一些艰辛，所幸我都不记得了。因为不记得黑暗，所以才在生命之初获得了为数不多的快乐。也许，看不见苟且，也是一种福气。

从小，我就羡慕在舞台上表演的小朋友，她们被老师选中，戴着美丽的头饰，穿着华彩缤纷的裙子，在聚光灯下翩翩起舞、闪闪发光，就像电视剧里的小公主。可是，老师从来没有选中过我。直到4岁那年，我上幼儿园中班时，惊喜降临，有一天老师突然点名选我去表演。我的梦想要成真了，狂喜飞奔回家，告诉妈妈这个好消息。

妈妈听完，脸顿时耷拉下来。想上台表演必须要买新裙子，一条裙子5~10元，而我妈当时每月工资30元。她很严肃地告诉我："我不会给你买裙子，那么贵，还只穿一次，不值得。"

人生中最初的梦想，栽在了一条裙子上。我没有说什么，也没有去争取，因为所有的乞求都只会换来更糟糕的结果。理所当然，我失去了宝贵的表演机会，眼睁睁看着其他小朋友上台，我在观众席拼命为她们喝彩。我有点想不通，她们是怎么说服妈妈买那条昂贵裙子的。

躲在暗夜的小巷里，我连续哭了好几天，泣不成声。那时4岁的我，已经明白了不能在人前落泪。落泪不会换来心疼和同情，只能换来责骂和不堪。长大后，回看小时候的照片，才明白为什么老师不安排我跳舞，因为我总是脏兮兮，穿的衣服像是破布拼接的。我整个童年穿的都是伯伯家的姐姐剩下的旧衣服，大大的、松垮的，有些还是破洞的。我是一个不配穿新衣服的小女孩啊。

妈妈的控制欲很强，不允许我贪玩，不允许我考差，不允许我失败。一旦我不符合她的预期，就会更加强化她心里女儿没用这个观念。很多年来，妈妈斩钉截铁地重复了几万遍："你一定要出人头地，你一定要有出息，你一定要嫁个有钱人！"

小时候，我以为妈妈是为我好。长大后，才知道她并不是在教育我男女平等，更不是为了让我拥有一个光明前景。她只是想用我的成功，去向那些鄙夷她生女儿的人炫耀一下："看，我生不出儿子又怎样？我的女儿比你儿子还厉害！"我是她向世界炫耀的武器。

樊篱林立，偏见丛生。我并不是个例，在我的家乡，重男轻女的观念就像千年巨石一样，难以撼动。儿子天生就是妈妈的勋章，女儿天生就是妈妈的累赘。母爱的光辉，只配洒落在儿子身上；女儿必定撇在隐秘的角落里，永远享受不到光。在他们心里，女孩是柔弱的、卑微的、没出息的，是无足轻重的、无需理会的，是长大后的一笔嫁妆，是嫁人后泼出去的一盆水。反正最终是别人家的人，不是传承自己姓氏的人。

有的女孩活在懊恼中，为什么我不是男孩；有的女孩活在怨恨里，为什么父母不爱我。但我从来没有怨恨过谁，也从来没有屈从于命运。我从未后悔自己是个女孩，也不想成为男孩：每一种性别自有优劣势，只不过世人对其附加了太多额外的评判。我要快点长大，我要早点离开！

　　女孩们其实天生自带光芒，但是在整个社会糟糕的负面评价系统中，她们被打击得脆弱不堪。那些或多或少消极的言语，那些闪闪烁烁暗含批判的表情，成为女孩们成长的阴影。冲破樊篱，打破偏见，我不是第一个这样做的人，也注定不是最后一个，希望你也勇敢地站起来。

至暗时刻，我自为光

跌入黑暗的时候，你在想什么？想借助天光？还是借助别人的光？我在乌漆麻黑的年少时光里闯荡，也曾遇见几缕光。

上幼儿园时，有个规定，每到中午所有的孩子必须午睡。没有人敢颠覆这个制度，所以一到时间，我也和大家一样，钻进被子里，闭上眼睛。只不过他们是真的进入梦乡，而我只是假寐。我尝试去睡，但睡不着。我闭着眼睛想，为什么人在不困的时候，要假装睡觉呢？是谁规定的睡觉制度？可是我没有勇气去反抗，只能随大流。

有一个夏日中午，老师突然发现我在假睡。她轻拍我的肩膀，示意我起来。我怕极了，大气不敢出，一动也不动。我怕她发现我的秘密，转头告诉妈妈，那样迎接我的又会是一场狂风暴雨。

没想到，耳边传来轻柔的声音："宝贝，睡不着也不用装睡哦，起来一起吃香蕉吧。"听到这个声音，我才放心，缓缓睁开眼睛，看见那个漂亮的女老师。她笑盈盈的脸上，闪烁着明媚的阳光。

那是我童年时，为数不多的温暖记忆。在一个假装睡觉却被揭穿的中午，斑驳的树影下，我和老师一起坐在园内吃水果，那一段甜蜜安静的时光。

上了小学后，我爸为了多挣钱，就去外面打小工赚外快。有一天傍晚，爸爸收了工，他破天荒地领着我走进了国营大商店。琳琅满目的新奇小玩意摆在橱窗里，散发着淡淡的光芒。爸爸牵着我的手，走到一个货架前，上面全部都是毛绒公仔，各式各样，眼花缭乱。他蹲下来轻轻对我说："婉婉，挑一个吧，你生日快到了。"

听到这句话，我开心极了，却又难以置信。我怕妈妈责骂，便怯怯地问："爸爸，真的可以吗？"看到爸爸坚定地点头，我就安心了。肯定是爸爸妈妈商量好，才会给我买礼物。于是，我郑重地挑了一个胖胖可爱的黑白熊猫公仔。我抱着熊猫，和爸爸一起走入暗沉的夜色中，蹦蹦跳跳乐开了花，感觉自己也是备受宠爱的掌上明珠。

当我推开家门，看到妈妈迎面吃惊的脸色，当下就心凉了。还没来得及把公仔藏到身后，妈妈就大步跨过来，一把拎起熊猫，冷冷地质问爸爸："这个多少钱？"

"28元。"爸爸回答。

"你疯了！每个月工资只有60元，竟然花了三分之一的钱，买这没用的破玩意儿！"妈妈咆哮着，扬手就要把熊猫扔地上，我拼命跑上前去接，但没有成功，熊猫结结实实被扔出了几米远。爸爸费力地解释："买就买了，婉婉就快要生日了，1年就这么一次，我就……"

"所以你就不管家里死活了？家里吃饭不要钱吗？"妈妈抢了话头。我从地上捡起公仔，逃出了家门，远到听不到他们的吵架声，才呼吸到新鲜宁静的空气。从此，我一直战战兢兢，睡觉都要抱着公仔，生怕被我妈抢走没收掉。

很多年后，我去外地上大学时，犹豫了几番，还是带上了它。直到现在，30多年过去了，它仍在我身边，磨旧了、破损了，但依然是我最爱的公仔。在我被亲情伤害最难受的时候，看

△ 和公仔两个人，去闯荡世界

着这个公仔，想起爸爸为此抗争过，想起妈妈没有把它扔出门，我就安慰自己，起码那时候我被他们宠爱过。虽然微薄，但却很真。

在我15岁那年，妈妈终于怀上了弟弟，我的生活彻底被打乱了。在她大着肚子不便出门时，我每天放学后飞奔回家，按照妈妈的指示，拿着零钱去菜市场买菜。

她每次会严格规定我买哪几种菜，分别是几斤几两几块钱。但是，菜价都是上下浮动的。比如平常青菜七毛钱一斤，但下雨天会涨价。这时同样的钱，买的菜量自然少了。一回到家，我妈就用秤来称菜。有一次，和她预估的数量对不上，她以为我"贪污"了几毛钱，劈头盖脸地骂我。无论我说什么她都不信，我是真的绝望。

所以，再遇到蔬菜涨价买不到足量的菜时，我就去求卖菜的叔叔阿姨，能不能多给我一点。他们看我可怜，也愿意多给。我宁愿求外人，也不想去求我妈，让她信我难于登天。我一边买菜一边东张西望，生怕被同学瞧到。有几次不小心被看到了，风言风语传到学校。大家都说钟婉虽然在学校飞扬跋扈，但在家里却是保姆的地位。那种奚落和嘲笑，加重了我内心的悲伤。

买了半年菜，我以为弟弟生下来就好了。后来才发现，这竟是噩梦的开始。我弟诞生的那个月，我爸我妈的脸上洋溢着一种幸福的表情。那是我15年都没有见过的开心，发自内心真正的快乐。我知道，这种愉悦的表情拜弟弟所赐，她终于实现了自己的愿望。我妈舍不得花500元请保姆，我就成了免费的劳动力。

一放学,我就直奔菜市场买菜,买完菜回家做饭,吃完饭洗锅碗,还要照顾弟弟。那时候家里用不起一次性尿不湿,都是反复利用同一块尿布。每天晚上,我都要用肥皂洗一堆脏臭的尿布,满手满身都是难闻的味道。在他号啕大哭时,还要抱着小小的他,到处走动,一遍遍耐心去哄。等他睡着,做完家务,我才有时间开着夜灯,写学校的作业。

有一次,我看弟弟的手弄脏了,便接了一盆凉水给他洗手。爸爸路过看见了,怒斥道:"你怎么可以用凉水给弟弟洗手,你存心想害他生病吗?给弟弟洗手一定要用温水!记住了吗?"在我低头沉默时,他接着用难听的话数落我。

可是,这不是冰冷的冬天,而是炎热的夏天。难道夏天洗手不应该用凉水吗?难道弟弟真的宝贵成这样,而我却一文不值吗?当时的心,就像是被硫酸烫伤,千疮百孔。我发誓,一定要逃离这样的家。

当我自己还是一个未成熟的孩子时,过早地担负了育儿重任,心理受到了非常严重的伤害。我曾想过,以后绝不生娃。当然,那时没有想到,日后会有三个孩子,而且爱他们如生命。

从弟弟出生起,我就明白了一件事,我是家里的透明人。我和弟弟都喜欢吃鸡翅。但是,饭桌上只要出现鸡翅,爸妈就一人一筷子地轮流给他夹。不管他吃不吃得完,也不管我到底有没有吃一个。他们把十几年来对男孩日益发酵的爱,全部给予了他。自此之后,我就再也不想吃鸡翅了。

成长篇 | 野蛮生长

在当时那种情况下，要想离开家，最好的方法就是拼命学习。我妈对我要求很严格，她说："读书就是你唯一的出路。"因为我的成绩就是她的面子。如果我掉出班级前三名，她就铁着脸不去开家长会。因此，考试是一把刀，明晃晃、亮铮铮的，悬在我心头。我的分数，决定我面临的是和风煦雨还是疾风骤雨。

可能是"大力出奇迹"，我中考时考得非常好，比重点高中分数线高出一百分，成功挤进了尖子生奥赛班。我妈终于扬眉吐气高人一等了，我也终于摆脱了照顾弟弟的困境，因为她看到我考大学的希望了。她第一次温柔地对我说："别洗尿布了，好好上学，说不定真能考上大学呢。"

本想着进了高中就能松一口气了，没想到我待在尖子班，感觉到了窒息。午休时间，同学们连洗手间都舍不得去，直接掏出《黄冈小状元》，争分夺秒地拼命刷题。即使不是上课时间，整个教室也鸦雀无声，所有人都专注学习，比考试还紧张。我觉得自己还挺努力的，但和同学们一比，就被秒成了渣。我内心长叹，人生不只是数学题，我们还需要交流啊！但我不知道跟谁说话，人人都在做题，没人理我。于是，我只能加入做题大军。

第一次考试后，我感觉还不错。公布成绩那天，我妈坐我旁边，她问怎么样。我信心满满地说："大部分题目都会，应该不错吧。"班主任走上讲台，推了推眼镜，喜气洋洋地宣布："满分150的卷子，咱们班有四十个同学得了149分。"我吓了一跳，这也都太厉害了吧。当我妈听到了我的分数，脸色铁青。知道我是全班倒数第二名，她都要气炸了，觉得丢人，从此再也没有来开过家长会。

那些日子，我过得战战兢兢，生怕哪天倒数第一名的同学生病，没办法参加考试，我就成了全班垫底，那我就真的成了笑话。半年之后，我痛定思痛，主动找到班主任说："老师，我要转班。我不想待在这个尖子班里了，我不配。"

抬头看到班主任震惊的脸，他可能在想，人人都巴不得挤进去的尖子班，竟然还有人想要退出。后来，这个学霸班有一半的人都考上了中山大学。而我转进了普通班，轻轻松松就成了全班第一。宁当鸡头不当凤尾，我付出了百分之二百的努力，还是班级垫底，那不如让自己过得开心点，这才最重要。如果我当初不转班，可能会变得抑郁。

当我捧回第一名的奖状时，妈妈轻飘飘一句："你要更加努力，才能超越男孩子。"是的，我懂，我要更加努力，才能让她脸上有光。可是我努力，是为了拥有选择我人生的权利。

我的少年时代，有暗黑的小巷，有孤独的星空，有大声的训斥，唯独没有妈妈温柔的怀抱。曾经多想她能抱抱我，温柔地对我说："你不必优秀，只要快乐。"

可惜没有。

没有伞的孩子只能尽力奔跑，没有光的孩子只能自己打亮。在18岁尚未经历社会毒打的年龄，我已经懂得了一个道理：当你身处谷底时，能照亮自己的，只有自己的信念。哪怕至亲，也不一定会伸手救援。

但我知道，我是幸运的，我从一开始就有这个意识。很多备受打击的女孩们，从此消沉，成为一个自卑自怜的人。她们的人生不是输在和别人竞争的环境里，而是输在了父母的谩骂和冷漠中。她们还没有起飞，就被摘掉了翅膀。这些女孩子从来没看见过希望，所以不知道光亮的模样。

很多人从原生家庭中，汲取了可以抵御一生风雨的丰沛力量；同时也有很多人，从原生家庭中刻上了一生痛苦的烙印。不知道这些施加伤害的父母，会不会在某一天幡然醒悟，后悔当初那么对自己的孩子？但我觉得，大概率不会的。没有亮光也没关系，人这一生这么长，哪能不穿越几次暗夜呢！与其指望别人，不如在心里点亮一根蜡烛，硬着头皮向前进，黎明终将到来。

缺憾心伤，化为梦想

我的事业，我的热爱，我一生坚持的信念，就是让女人变美。

小时候，在那个物资匮乏的年代，父母们忙着解决温饱问题，根本就没有人启蒙美的意识。女孩和男孩们疯玩在一起，粗糙地长大。我们一起玩泥巴，一起跳跳绳，一起风里来雨里去，有时候和男生玩起来，称兄道弟，性别都不分，更别提要变美了。说起来，我第一次意识到要变美、变漂亮，竟然来自一场无疾而终的暗恋。

我上小学四年级时，很多有"鸡娃"意识的父母，争先恐后地送孩子去补习。家长圈里流行一句话：跟着钱老师学习的人，都能考上大学。钱老师是我们当地非常有名气的培训班的英语教师。盼我成才的妈妈，自然也把我送到了这个辅导班。

记得开班那天，我站在门口正要进，几个同学悄悄跑到我跟前，聚拢一圈低声说："你们班有个男生，超级帅，你见过没？可多女生都在追他。"

我心想，还能有多帅？很多人都喜欢？我看不见得，云淡风轻问了一句:"谁?哪个?"和我说悄悄话的同学,突然大声喊了一个人的名字。然后,我看向教室,一个男生慢慢抬起头,早晨的阳光透过玻璃,照在他身上,慵懒又温暖。当时,我感觉"啪"的一声,舞台的追光灯直直地打在他身上,璀璨耀眼。我才真正懂得了什么叫作"一眼万年"。

我看傻了眼,愣在门口,直到别人和我说话,才反应过来。他真的很像少年版的黎明。就他了,我下定决心。我想了各种方法吸引他的注意力。下课时,装作不经意地从他身边路过,速度放缓,看他写字。在他抬头的瞬间,漫不经心地对他说:"嗨,你字写得不错哇。"放学时,特意等在教室门口,在他出门的刹那,跟上他的脚步问:"周末去哪儿玩?"他的反应通常是淡淡的,从来都是回复一句话。很多次自讨没趣后,我仍然不死心。我很想买礼物送给他,奈何太穷了,穷到连几块钱都没有,何谈礼物?

我当年风风火火、轰轰烈烈地追他,恨不得让全世界都知道,我喜欢他。是的,全班六十个人,五十八个人都知道这件事,剩下的两个人,是我和他。我不知道他是真不知道,还是假装不知道。

既然他始终不表态,那不如敞开天窗说亮话,直接问问他。但是当面问,还是不太好意思,不如给他打电话。我辗转几次,从他好朋友那里问到了号码,小心翼翼写好揣在兜里,生怕给丢了。晚上,我在固定电话上认真拨下数字,拿起话筒,紧张地等待,终于等到那边传来熟悉的一声"喂?"

是他!幸好不是他爸妈。

"我是钟婉。"我故作淡定。

对方安静地"哦"了一声，没听出什么起伏的情绪。

深吸一口气，我鼓足了勇气，问出了一直憋在心里的那句话："难道你不知道我喜欢你吗？"

对面一阵沉默。完了，会不会是拒绝？我紧跟着说："那你回答这个问题，你第一次看我是什么感觉？"

如果时光能倒流，我绝不会问出这句话，肠子都悔青了。

对面传来："中国怎么会有这么黑的女生？"

秋雨浇了一头，大雪盖了一身，就是我当时的心情吧。直接挂了电话，坐在地上，产生了非常严重的自我怀疑，我真的这么黑？我真的黑到让他能说出这么伤人的话？我照了照镜子，自己只是不白而已啊！但是，忽然想起我爸经常问我："你没洗手吗？你没洗澡吗？"原来他的意思是我黑？

在反复思索过后，我才明白，我是这么黑，而且没有自知之明。当时已经不在乎这段感情了，我满心想的都是，如何变白，如何一雪前耻。

多年以后，我发现他喜欢的女生也不白。当问他究竟为什么拒绝我时，他说："一是因为你当时太黑了，黑到我根本看不清你的五官，我不知道你到底什么样子。二是你太张扬了，所有男生都会嘲笑和你在一起的人。所以，我怎么敢答应呢？"

当年的情愫早已烟消云散，但我很感谢这个男生。虽然他的话伤我很深，但是由此我也突然开窍，女生必须要美才可以。

电话事件之后，我便开始了漫长的防晒之路。无论什么季节，出门必须戴帽子，撑一把雨伞遮阳光。上体育课时，不管多热，我都穿长袖捂得严严实实的。体育老师好几次对着满头大汗的我好言相劝："钟婉，下次别穿这么厚，会中暑。"但我依然我行我素，坚持穿长袖。

物理防晒已经做到了极致，让我忧伤的是，根本没钱买化妆品。只能悄悄用我妈的洗面奶，每次挤出一点，立刻放回原地，担心被她发现。一次，从深圳回来的姑姑从包里掏出了防晒霜，我欣喜若狂。偷偷倒了一瓶盖，每天在脸上抹一点。后来才明白，那一点量的防晒霜根本抵御不了紫外线。

我结婚时，按照惯例，在酒店门口摆了婚纱照。我上洗手间时，不经意听到了两个酒店服务员的讨论，她们都在惊叹新郎好帅啊，自始至终没有一句夸我的话。当年我才25岁，最好的青春年华里，却没有得到一句赞美。经过这件事后，不服输的我又重新燃起了斗志，我要坚持变美，成为那种与岁月斗争后还会美的人。

后来我一直开美妆店，开医美店，我的产品给很多女孩带来了希望，帮助了数以万计的女性变美。每个人都不是完美的，如果不是天生丽质，那就必须后天励志，如同我。让所有爱美的女孩，从光彩的容貌中收获自信，成为更出众的人，过上更精彩的生活，这就是我当初的梦想和愿景。

△ Q时代课程线上直播

很多人都觉得,"梦想"这词好像挺虚的,有些人完成温饱就够难了。但我始终相信梦想,因为我就是靠着梦想的力量,熬过低谷的。如果我生在富裕家庭,和你大谈实现梦想,你可以指责我站着说话不腰疼,可以说我虚伪;但我生在小镇,从贫穷出发,从一无所有开始奋斗,才拥有现在的生活。所以我的确有资格告诉你,梦想不虚,真的会改变你的命运。若你随波逐流,只是满足于温饱,我也没有资格逼你努力。我尊重你的选择,但我依然可以说一句,实现梦想的感觉可真好,或许你也应该去试试。

那,你的梦想是什么呢?我坚信每个人都是有使命的,生而为人,是一个非常珍贵的机遇。我们的身体如此珍贵,应当去做更有力量的事情。如果还没有找到,那就可以用排除法。如不能确定自己喜欢什么,但肯定知道自己厌恶什么。当你尽可能扩大范围,尝试更多的领域,接触不同的工作,才有机会触摸到契合你的梦想。

或者,你有没有想要成为的某类人?他们身上有什么吸引你的特质?他们的生活让你产生了哪种向往?靠近你的梦想榜样,拆解他们走过的路,或许你能发现你所想要的。

如果选择成为一个庸庸碌碌的人,不是不可以,只是你本可能有更多的机会,经历一个异彩纷呈的人生。没有被激发出的才华,都是被浪费掉的天赋。但凡你心中有一粒不甘平庸的种子,都应该浇灌培育,让它长成参天大树。

认真在内心深处叩问自己,你会为了什么事情燃烧能量不眠不休也无悔?你做什么事情时又苦又累但还能乐在其中?把你折磨得百爪挠心,却还能让你感到幸福的,它很可能就是你的梦想,找到它,抓住它,它会成全你的人生。

无须嫁富，自有富贵

在我考了第一名高高兴兴地捧着奖状回家时，在我熬夜做功课正焦头烂额时，在我被拉着去熙熙攘攘的菜场买鱼时，我妈都会随时随地正颜厉色地对我讲："钟婉，你长大一定要嫁有钱人，明白吗？"这句话从小到大，我听了无数遍，比记乘法口诀还记得牢。她的意思是，嫁个有钱人，能让我少奋斗半辈子，我懂。但叛逆如我，从未照做。

我谈恋爱从来不看钱，也不看家庭背景，只看眼缘。缘分到了，穷光蛋也成。缘分不到，亿万富翁也不行。

我在初高中时，也像过家家般谈过几次恋爱，从来没有问过对方家庭情况。那时，我性格跋扈，很多男生都怕我。直到高中那年，全智贤和车太铉的电影《我的野蛮女友》流行。一时间，全校男生开始倾心于全智贤这样美丽而又嚣张的野蛮女友。当大家的审美从温柔的白月光转变为桀骜不驯的小辣椒时，才突然发现我的好。他们觉得，我的性格和电影里的全智贤很像，阴差阳错，我也成了很多男生爱慕的对象。

但高中的恋爱，总是昙花一现，惊艳一瞬。随着学业结束，我的爱情也结束了。进了大学，我竞选上了法政院文艺部部长的职位，负责组织学院之间的联谊活动。有一天晚上，我们正在彩排节目，突然有一个高大帅气的男生，闯入了我的视线。不知为何，那瞬间，突然就心动了。

他就是当年还未成为老王的小王。

后来，我们互相加了QQ，刚开始有很多共同话题，联系非常频繁，常常聊到深夜。突然有一天就中断了，等了好几天，也没有来找我。我心里非常着急，不知道究竟发生了什么。

不久，我听朋友说，小王外出发传单，不小心出车祸了。我火急火燎地买了一份汤，跑到他楼下，给他发消息："我在你楼下。"他走过来时，脸上还缠着绷带，我很心疼。把汤递过去后，他的眼圈红红的。小王郑重地问了一句："钟婉，你可以作我女朋友吗？"我开心地点点头。

很久之后，小王才告诉我当时的真相，原来是他舍友说，钟婉这种女生，看上去就是那种只想玩不认真的人，肯定会甩掉你。小王听了舍友"洗脑"的话，寻思了一下，好像也挺对，所以就好几天没理我。我常常想，如果不是因为那场意外，我可能也会倔着性子不理他，从而擦身而过消失在彼此的生命里。

我俩正式在一起后，身边所有人都不看好，他们都在暗地里打赌，看钟婉和小王究竟什么时候分手。确定关系很久以后，我妈打电话来问我："你男朋友家有钱吗？"我支支吾吾地说："不知道。"

"你竟然没有问？"妈妈质疑我。

"没有。"我挂掉了电话。

为了给我妈一个交代，我就去问小王："你父母是做什么的。"小王诚恳地说："我爸当公务员，我妈开了一个超市。"当我把这话转给我妈时，她说了一句，还凑合，挺稳定。

2007年，我们大学毕业，都没有选择工作，而是继续创业做淘宝。我们租住在一个狭小屋子里，非常简陋，什么都没有。2008年，小王向我求婚。我觉得他踏实可靠，对我也照顾有加，是一个可以托付终身的人。但我爸不同意，在我们家乡，只有嫁不出去的女儿才会嫁给外省人。于是，我自掏腰包花了18万，送了我爸一辆车。

结婚时，我妈找小王说："现在的行情是，彩礼8800元，也不会多收你的。"我看着小王失落的脸，我就知道，他没有钱。我便从自己账户里给我妈打了1万元。2008年结婚，我才第一次去他的家乡湖北随州。他家住在一个非常穷的村子里，他是这里唯一的大学生，整个村子的人众筹给他凑学费。泥泞的山路，红色的砖房，放眼望去，鸡鸭鹅猪统统在村里田间乱跑互逐。

我虽然生活在小县城，但是从没有下过乡，没有见过真正的家畜。以前对于农村的认知，都是从书里看到的。当我真正看到牛的时候，才发现，原来牛竟然比猪大那么多。他们家吃饭的桌子很小，我在吃肉的时候，没有看见垃圾桶，于是抬头问："吃完的骨头放哪里？"小王说："就扔在地上好了，狗会跑来吃干净。"我半信半疑地将骨头扔在桌子底下，真的就跑来了两只狗，争抢着这根骨头。我看着简陋的房子，不由得对他曾说过的话产生了质疑。

"你不是说你爸是做公务员的？"我疑惑。

"对啊，是公务员，他是做城管的。"小王一脸真诚。

"那，你妈开的超市在哪里呢？"

"你刚刚来的时候，还路过了，就是村口那个小超市。"他非常认真地抬手指了指村口的方向。

"那个，是叫小卖部吧？"

"在我们村，就叫超市啊，不信你去问问，大家都知道。"

我沉默了，幸亏我妈没有跟着我去小王家。不然我妈知道真相后，得有多崩溃。原本指望女儿嫁给有钱人，现在可好，不仅没钱简直就是家徒四壁。在湖北摆完酒席之后，又回到肇庆做酒席。酒席钱是我出的，而红包是我爸妈收的。

我们从相恋到毕业，从创业到结婚，三起三落，还生了三个孩子，风风雨雨闯荡江湖，竟然已经过去了十八年。我们爬过巍峨高山，走过黯然低谷，我无贪欲，你无功利，相互取暖，彼此成就，一起向着幸福的黎明奔跑。不要指望自己能够嫁入豪门翻身，不要依靠婚姻去提升阶层，我不需要男人给我钱，不需要男人来养我，也从不信"你负责貌美如花，我负责赚钱养家"这句话，对于一个家庭而言，我们都承担着相同的责任。

嫁人无须嫁富，我自富贵。

不要为物质条件而结婚，因为物质不是婚姻中最重要的。当你盲目追求这个条件时，很容易掉入猎人的陷阱，放弃自我成长的机会。用一辈子的幸福来换房子、车子，不值得。

我的两个女儿也在逐渐长大，我一直在想，应该给她们怎样的婚恋价值观。但有一点是肯定的，我绝对不会像我妈一样对自己的女儿说，你一定要嫁有钱人。我妈施加在我身上的"魔咒"，并没有成真。我也不会用这句话去压制自己的女儿。有没有钱，在婚姻里并不能排名第一。婚姻始于冲动的爱，但理性、责任和道德也很重要。

我记得，上学时读过舒婷一首很美的诗歌《致橡树》，"我们分担寒潮、风雷、霹雳；我们共享雾霭、流岚、虹霓。仿佛永远分离，却又终身相依。"这句诗歌非常美妙，但当时只是听老师讲解了意思，并没有深刻懂得。直到后来，我才明白，夫妻间最好的关系就是两棵树，相互独立，彼此扶持，不过分依赖，不抵死缠绕。婚姻最重要的，是风雨同舟，是荣辱与共，是同甘共苦，是不离不弃。我不是最完美的，你不是最完美的，但是我们在一起，就是最完美的。

终身学习，持续进阶

我的弟弟比我小15岁，虽然出生在同一个家庭，我们却成了截然不同的人。自打他出生，就成了父母的心头肉。那真是捧在手里怕摔了，含在嘴里怕化了。他没有经历过任何磨难，一直被父母保护得很好。即使从小不好好学习，沉迷于玩游戏，经常去网吧，父母也不舍得说他半句。

弟弟11岁那年，我们全家好不容易聚在一起，去爬山游玩。在山上，不知道弟弟因为什么事情，和父母起了争执。他们吵架之后，弟弟突然不见了。我们都害怕极了，漫山遍野地寻找。找了很久之后，我发现他一个人躲在山的背面。当我把弟弟带到父母面前时，他们的情绪非常激动，没有训斥弟弟为什么一声不吭躲起来，反而劈头盖脸地骂我，怪我没有照顾好弟弟，害他走丢了。

在父母的娇惯下，弟弟愈发任性，他不喜欢读书，甚至都没有参加高考。我问他原因时，他说："姐，高考多累啊，两个小时考一门功课，我可受不了。"

有一年春节，大家开开心心地吃年夜饭，弟弟突然在饭桌上对我说："虽然别人都说你很成功，可我不觉得你有什么值得我羡慕的。你每天忙得跟狗一样，换来的，只不过是背的包贵一点,住的房子大一点,这有什么意思呢?"

听到这话,我就怔住了,那时我还没有思考过,我努力的意义是什么。

弟弟的生活状态就是现在流行的"躺平",他不想工作,也不想努力,只想每天吃吃喝喝、打游戏。事实上,他也是这样过日子的。他不需要挣钱,只需要花钱。每月底,他都能收到很多租金,足够日常消费了。

我的妈妈曾经也很疑惑:"为什么你的弟弟不像你那么拼?为什么亲生姐弟性格差这么多?"我对努力的认知是什么?是拼了命考上大学逃离压抑的家庭,是扛着一箱牛奶爬到六楼才挣来的一块钱,是三天不眠不休工作只为了填饱肚子。所以我知道,努力的意义,就是为了改变,是为了生存。

而弟弟出生时,家庭条件已经好了。他觉得每天打游戏也能吃饱穿暖,每天不工作,月底也能收到钱,所以"努力"这个词语,对于他来说毫无意义。可是他不知道,多少人努力工作很多年,都买不起属于自己的一套房。

身为姐姐,我想帮助他,想让弟弟上进一点,让他懂得,人生的意义并不只是吃吃喝喝,而是做出点有意义的事情。于是我对他说:"如果你愿意,可以来公司,帮我扩大杭州的市场。"但他断然拒绝了,他觉得工作没什么用。那我也尊重他,人各有志,每个人都有自己的活法,并不是谁天生就爱工作的。大多数人都被自己的认知局限着,只能看到眼前光亮的那一片区域。而区域范围和认知程度成正比，认知越多，范围越大。

现在，父母已经放弃了让他努力的想法，开始让他进入相亲市场，找女朋友结婚。妈妈对他说："我不要求你事业上的成就，只要求你传宗接代。"我其实一直在思考弟弟的那番话，的确，在别人看来，我不用再努力了，我已经做到后半辈子不工作也可以衣食无忧，还拼什么呢？为什么工作呢？不如去游山玩水走遍世界。当我的物质需求已经被满足，那么，所有的努力，都不是为了钱。

对于我来说，这不仅是一份工作，是我热爱的事业，是我想要为之奋斗一生的使命。我的身后还有一百多个员工，每个员工的背后还有一个家庭。他们需要这份工作带来的生活，我也必须带着他们去成长。

人生的意义，并不仅仅在于钱和享乐，更在于持续学习的精进，这是一种精神上的愉悦。

我一直保持着学习的习惯。学得越多，发现自己懂得越少。刚开始我很焦虑，到底怎样才有时间学更多的知识？而现在心态已经平和，知识是无穷无尽的，穷其一生也学不完，我只需要按照自己的节奏就可以了。学一点就能懂一点，懂一点就能进步一点，我相信日积月累的巨大力量。最近半年，我上了营销课、文案课、个人品牌打造课和私域运营课，还申请上了清华大学的MBA。

为了提高自己的表达能力和讲课技巧，更加专业地输出课程，我参加了"得到"讲师训练营。从珠海专程飞到北京，见到了罗振宇老师,当时超级兴奋,感觉看到了偶像。他在我心中是一个知识渊博的人,是我想成为的人。他笑着和我说:"你有什么想问我的吗?"我说:"还没有什么想问的。"于是我们就随意聊了一会儿。在即将分别的时候,他以一种非常肯定的语气对我说:"你是世间难得一见的能量极高的奇女子。"他的这句话,给予了我很大肯定。非常感谢他,让我更有信心开展Q时代课程。

在学习的过程中,我见到了很多传说中的牛人,他们来自各行各业。虽然我是美妆圈的,和他们的行业八竿子打不着,但我依然从不同行业的发展中,得到了很多灵感和启发。这才发现,所有行业的底层逻辑是互通的。真正厉害的人,往往都非常谦逊低调且沉稳内敛,每次说话,都能输出一些极有价值的观点;反而那些口若悬河的人,扬扬得意地讲自己年入几亿,往往都是晃荡的半瓶水。这些一直吹嘘自己的,可能啥也没做成。

在"得到"的课堂上,老师问我:"你有什么特别擅长的地方?"我说:"私域运营做得还不错。"老师笑着说:"那你就是把私域做成了莫比乌斯环。"我停顿了一下,没有理解老师的话,直接问:"什么乌鸡环?"只听见台下一阵哄然大笑。老师又重复了一遍:"莫比乌斯环。"我一头雾水,摇摇头直言说不知道。

等我下了台,旁边同学说:"你可真有勇气,啥都敢说。"我说:"可是我真不知道啊。"同学说:"我们也都不知道,可是不敢说。"

从小到大,我就是这样的一个人,如果有什么听不懂的,就直接问老师,无论这个问题多白痴,哪怕冒着被人笑话的风险,我也拒绝不懂装懂。每个人都有自己擅长的专业，我们不可能精通世界上所有的知识。敢于承认自己的无知，才是真正进步的开始。如果总是不懂装懂，糊弄的不是老师，而是自己的人生。

"得到"开学第一天，老师就布置了一篇论文，说在结业时交。过了几天，我正在直播，突然接到了老师的电话。他问："你这篇论文什么时候交？"我赶紧说："等我直播完，就去写论文。"

那天晚上，直播完回到家已经是半夜。我洗了脸，铆足了劲，坐在书房写论文。等我写完，长舒一口气，抬头看时间，已经到了凌晨4点。又认真检查了一遍用心血写出的论文，自我感觉不错，肯定能过。我把论文发给老师后，实在太困，倒头就睡着了。当天早上9点，老师微信回复我："不行，你要换成这个主题，重写。"我回复："不想写，因为我不擅长这个选题。"结果老师非要我写。我说："如果你硬要我写，我也可以写，但这不是我想写的。"最终，老师做出了妥协："那行吧，你写原来那个主题。"

结业那天，每个人都要和搭档一起上台，互相介绍，做一个演讲。结果，搭档超级紧张，一句话也讲不出来，我就自己做了介绍。得益于多年的直播经验，一点也不怯场。

当时，我们的演讲要求是十二分钟，超一分钟不及格，少一分钟也不及格，所以必须要严格把控自己的时间。当我发现时间可能不够后，果断删掉了一个菜市场的案例，选用了"得到"相关的案例。在我演讲结束后，评委老师拿着手里的底稿说："我最喜欢你文章里的菜市场案例，为什么不讲呢？"

我说："我们应该根据不同的听众来筛选不同的素材。如果我讲菜市场，未必所有人都去过菜市场。但是在座的每一位，都上过"得到"的课程。所以用"得到"的案例，能让大家更理解。"在与老师的较劲中，我又赢了一次。有时候比较固执，但我一直都在做自己想做的事。

△ 人生的课堂没有止境

△ 和罗振宇老师在"得到"讲师训练营

我最近在准备中欧国际工商学院EMBA的考试，已经成功通过了面试。但是笔试内容中有高中数学题，要知道，我已经不做数学题将近20年了。现在捡起来，真的非常难。在我写这段内容的时候，还没有考试。我的同事说："要不然就删掉吧。万一没有考过，挺丢人的。"我说："这没有什么好丢人的，如果考过了，说明天道酬勤；如果没考过，说明不是所有的努力都有收获。"我的内容都是最真实的，这就是最真实的我。没有谁的成长是一帆风顺的，也没有谁是一直被眷顾的，所有的路，都是自己硬闯出来的。

查理·芒格说："我这辈子遇到的聪明人，没有一个不是每天读书的——没有，一个都没有。巴菲特就是一本长了两条腿的书。"学习，才是牛人持续进阶的路。每一次的学习，都是认知和格局上的突破。不是要照搬知识，而是更加坚定自己所做的事情是对的。学习才是我们一生最最重要的事情，我要坚定不移地成为一个长期主义者。我想，等我八九十岁，白发满头，也会拿着书学习吧。

成为一个长期主义者，才能看到更远的方向。在近期利益和长期利益发生冲突时，才能做出更明智的抉择。

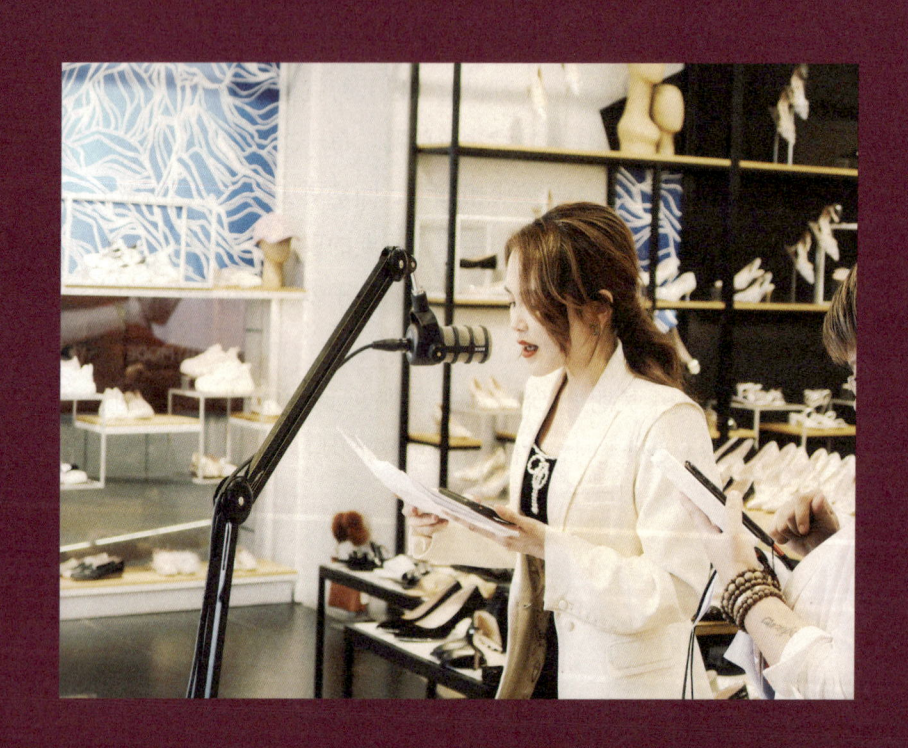

创业篇
保持战斗

「低谷,是向上的路;高峰,是向下的路。前方永远有激烈的战场,擦拭你的剑,坚固你的盾,等风来。」

夜航：人生节点，由我做主

2002年，我考上大学，成为家族中第一个大学生。本应该是举家欢喜的日子，我妈算了一下学费后，冷淡地说："别去了，复读吧。"我的心跌到谷底，瞬间冰凉，三年苦读换来一句别去了，实在不甘心。我18岁了，不再是从前那个任人揉捏的小女孩了。我的命运不应该攥在别人的手里，即使这是打着为你好名义的家人。

经过长时间的抗争，终于达成协议，我妈只负责我第一年的学费，剩下几年的花销，我自己搞定。等我毕业后，就努力挣钱还给她。

上大学之后，发现同学都非常有钱，经常穿名牌、下馆子。在大家吃喝聚会时，我把自己逼到墙角，必须想办法挣够下一顿的饭钱。最穷的那天，卡里只剩下几毛钱，饥肠辘辘，买不起饭，我的室友请我吃了一碗米线。

盛夏七月，我扛着一箱牛奶爬楼梯送到六楼宿舍，汗流浃背，气喘吁吁，却只赚了一块钱。

后来，我开始了代购，往返于澳门和珠海，背着硕大的背包，穿着破旧的衣服，进入澳门金碧辉煌的八佰伴商场，赚了第一桶金。

2003年，淘宝刚创立不久，我就开始做店铺。那时候什么都不懂，店铺连装修都没有，只拍了最简陋的图片，上传网络。但还是抓住了机会，成为了第一批入驻的商家。

2007年，大学毕业，香奈儿专柜有个很好的机会，让我做化妆师。普通应届毕业生工资3000元，他们给我6000元，高出很多。我心动了一下，还是忍痛拒绝，选择去创业。

2016年，全职在家五年后，我复出工作，挽救于危难之中的公司，懵懵懂懂开始做映客直播。为了给客户演示仪器的使用方法，我拍了视频，结果被无数微商盗用，意外带火了这款产品。

2018年，我开始做个人品牌，将原来的店铺名"易购美颜"改为"老钟驾到"，调整公司整体发展战略。

2020年，我的工作重心从公域流量转到私域流量，凭着2万粉丝，创造了3亿的销售额。

以上所有的关键性节点，被我命名为改变人生的"夜航时刻"。

什么是"夜航时刻"呢？

在上面那些阶段里，做出选择的我，就像夜行在陌生海域，前路迷茫，看不见方向。其实我也打过退堂鼓：何必呢，不如去选那条更轻松的路吧？如果听妈妈的话去复读，说不定就不用辛苦赚钱自己交学费，不用绞尽脑汁去挣一碗饭的钱，这样的生活会不会更好？无数次我都在想这条路。但，这也意味着，以后都要臣服于她，成为一个顺从的女儿，彻底失去选择的自由，被动地过完一生。当然，后面也不会去做淘宝，更不会有现在的"老钟驾到"。

多么庆幸，18岁的抗争，竟然成了我一生事业的起步。每一次的夜航，都成了我生命的关键节点，改变了我人生的方向，塑造了现在的我。我从泥淖中蹚过，从跌倒中爬起，我从过去的经历中，提炼出了一些方法论，希望分享这些可复制的经验，让你的人生更完满。

如何才能抓住人生的关键节点呢？我分享三个步骤。

1. 点亮红灯，识别节点

我们的人生就像多米诺骨牌，看似不起眼的一个小小决定，很可能会影响整个人生的走向。但很多人面临抉择时，都没有慎重对待，而是像玩骰子一样，稀里糊涂选定。随便，就这样吧，肯定是很多人的心理。但你对人生节点潦草，人生自然对你也潦草。

正确的做法是什么呢？

当你走到人生岔路口，立即在心里点亮红灯，按下暂停按钮，立下"人生节点"指示牌，稍等一会儿，不要慌忙向前走，先思考一下，评估得失。识别节点才是选对的前提。赶路很重要，选对方向更重要。虽说条条大路通罗马，但是方向选错了，很可能南辕北辙白费力气，甚至搭上你的一生。重视每一次选择的机会，才有可能把握住机会。

就像我在毕业时，面对高薪轻松的工作和艰苦波动的创业，毅然选择了后者。因为我想清楚了，如果成为化妆师，上升路径只能是高级化妆师，运气好点的话，职业发展的天花板很可能就是店长。一辈子都在为别人打工，并不是我的意愿。所以我选择了创业，虽然累，但是自己掌握所有的方向。如果做得好，创业的天花板非常高。

同样，店铺改名也是一个酌量后的决定。我之前的店铺名字是"易购美颜"，来这里买货的客户只是偶然发现了这家店铺，对比了价格和质量觉得不错，于是产生单次购买行为。如果下次，别人家的价格更具优势，他就会去别的店铺买。换句话说，我的店铺只是客户的一个仓库，他随时可以更换的。那时个人IP还没有全面到来，我就已经意识到打造个性化品牌、建立长远形象的重要性。于是把店铺改名为"老钟驾到"，主打我的个人形象，让客户对我产生信任，我就像一个老朋友一样给大家推荐产品。没有人会对仓库产生感情，但大家都会对朋友产生感情。这就是我面对节点时的慎重策略。

2. 犹豫不决，选难的路

我曾试想，如果重新再活一次，做出了其他的选择，我的生活会变成什么样。比如，高中毕业选择听妈妈的话去复读，大学毕业后没有继续创业，从美妆圈换到其他行业，或者成为全职妈妈后不再复出。每一个关键节点，如果我做错了一步，那根本就不会有现在的人生。回想过去，我也很佩服自己的勇气，也感恩自己的好运。这种好运背后，是否拥有一些规律呢？

以上的选择，在当时看来都是比较轻松的，充满了诱惑。但我没有选，一方面是想随心而活，不再过他人定义的人生；另一方面，是我相信更大的挑战，会带来更大的回报。

在学习和娱乐之间，娱乐是轻松的；在奋斗和躺平之间，躺平是轻松的；在挑战和顺从之间，顺从是轻松的。但大多数人都没有意识到，每一条轻松的路都隐含了有效期。嘿，醒醒吧，一劳永逸不会存在于任何人的人生词典里！轻松的路非常短暂，取而代之的，必定是更为艰难的后半段。除非你生来好命大富大贵，否则靠一条轻松的路很难寻得幸福。

举棋不定的时候，建议去选择难走的那条路。你走过的荆棘和坎坷，都会丰富你的经历，充实你的知识储备，变成你生命的稳定内核。大多数人选的路，都是人潮汹涌的路，从大流只能被淹没在人海中，成为看不见的一滴水。你必须在关键节点找到属于你的夜航之路，独自去走。你可能会因与众不同而孤独，但走少数人走的路，人生才更有开放性和创造性。当你轻松的时候，是下坡路；当你艰难的时候，才是上坡路。

3. 不怕失败，不惧重启

在其他大学同学忙着吃喝玩乐时，我已经开始了代购生涯；在我刚做淘宝店铺时，没人预测到十几年后它能叱咤江湖改变世界；在我刚做直播时，没人知道直播带货会成为如今电商主流；在我转型做个人品牌时，IP这个词语还没有全面盛行。

所有的路，尽管它崎岖曲折，但都是我冒险探索，一步步走出来的。我能够敏锐抓住时代的风口，把握契机，最重要的是因为我不怕。不怕输，不怕穷，不怕一无所有，不怕东山再起。我骨子里的执拗倔强告诉自己，输了不可怕，可怕的是因为不敢输而错失了原本可以赢的机会。不怕失败才是成功的第一步，如果总是怀揣着畏惧和胆怯的心态，摇摆不定，反而耽搁行程。

我的身体有个独特的重启机制，哪怕这次夜航失败了，我也会调整自己的心态，决不会让这次的挫折影响下一次的探索。与生俱来的勇气和无畏，让我在任何时候，都可以赤膊上阵打头仗。

只要肉体不死，我的灵魂永远沸腾。

我对未知始终保持一种敬畏和憧憬，想去迎接，想去碰撞，想去探索另一种活法。已知只有一种可能，未知才有无限可能。我从来都有野心，也从不刻意回避，谁规定女人就不能坦坦荡荡说出自己的野心？野心才是这个时代发展的原动力。一个全员躺平的社会，又能怎么进步？

我的野心在于想赢，也在于输得起。我生来两手空空，心无所系；一生闯荡，无惧无畏。再失败又能怎样，再输又能输到哪里？我有一颗千锤百炼的心，哪怕重启一百次一千次，我还是可以元气满满地从零开始。

不怯懦，不后退，一腔孤勇地向前冲，时刻期待下一次的"夜航时刻"。

经营：坚守阵地，"剩"者为王

已经不记得有多少人问过我这个问题了，为什么你能坚持做淘宝18年？每当听到这个问题，我才真正意识到，竟然已经做这么久了，久到所有人知道这个数字后，都大吃一惊；久到我从一个青春少女，成了三个孩子的母亲；久到当初和我同一批入驻的淘宝店家，换了一波又一波，大多消逝在了时代洪流中。

还记得，18年前，我在上大学，没有生活费，时常饿肚子，所以才迫不得已去找生存办法。那时的我，只想要赚钱，先养活自己再说，根本就没有什么长远的计划。

当时，和我一起的同学们刚刚从艰苦、压抑的高中解放出来，进入美好的大学。这种轻松愉悦的氛围，给人一种手握大好时光的错觉。为了消磨时间，他们经常泡在学校的BT论坛，下载种子看电影。

我也像别人一样泡论坛，但绝不是为了休闲娱乐，肚子都填不饱的人，哪里有什么资格娱乐？我抓住所有的时机，一心想要挣钱。解决温饱问题，才是我的头等大事。每天晚上睡前，我都在清点手里有几块钱，如何优化配置，才能保证第二天吃饱三顿饭。

　　我想着，这么多人都在论坛，如果发个广告，会不会有效果？这个想法在我心里萌芽，感觉是个好主意，但我没钱又没货，做什么产品让人头疼。

　　那时候的女生们受了偶像剧的影响，人人爱慕一头飘逸飞扬的秀发。最流行的便是做负离子直发，学校门口理发店自然赚翻。我也不免俗，做了直发，但是发现头发变脆弱了，为了加强护理，就买了一个焗油帽。当我头顶着大大的奇怪焗油帽时，引起了隔壁宿舍一堆人的围观。她们非常好奇，七嘴八舌地问："你这是什么东西？这是做什么用的呢？"我就顺势讲了焗油帽的用处，可以修护头发，结果，她们都让我帮忙去买。

　　我敏锐地捕捉到了大家的需求，是不是也可以发上论坛？于是，就简短地写了几句话，介绍了焗油帽的功用，说有需要的可以联系我。没想到，竟然有很多女生给我留言说想要。我也非常坦诚地向大家说明情况，现在没有进货的钱，大家表示理解，可以先付款后收货。于是，我便揣着钱，背着大包，去了批发市场。从挤挤攘攘的市场里，背回了几十个焗油帽，按照他们的地址，一一送到宿舍里。我打开包装，跟顾客讲解焗油帽的使用方法，帮他们做护理，大家都很喜欢我。现在想来，这就是我服务意识的初始萌芽。

△ 存折里的第一桶金

焗油帽的大卖，帮我打通了这条路，选品→进货→卖货→服务，原来这样就可以赚钱。但它有个弊端，卖出一个能用好几年，复购率太低。我就琢磨新产品，看看周围一大堆爱美的女生，要不做做美妆护肤品吧，说干就干，当时我就在论坛发了几个爆火的产品，果然有人要买。那时的我非常开心，因为每天再也不用饿肚子了，挣的钱刚好够吃饭，偶尔还可以奢侈地吃碗肉。

此时，生命中的一个贵人来到了我面前。她是我的校友，漂亮温柔，是有钱人家的女孩。她问我："你赚一两块钱都能那么卖力，为什么不做淘宝网呢？"

我当时根本不认识她，虽然陌生，但是我对赚钱比较感兴趣。我对淘宝一无所知，虽然想做，但是没钱没路，还是个外行，根本就不行。我尴尬地低头说："我什么都不懂，怎么做呢？"她温柔地笑了："我可以教你呀！你想做吗？""想做！"我心一横，做什么不是做，只要能赚学费就好啦。

于是，就跟着她开店了，她借了我一笔钱，我只管去进货，当然还包含扛回她的那部分货。总而言之，她出钱出智，我就出力，合作双赢，就这样懵懵懂懂开始了我的创业之路。

她是很有智慧的女孩，有见识、有品位，常常在选品上有独到的想法。那时，她说某个品牌的小棕瓶会有市场，让我去卖。我暗暗算了一下，一小瓶五六百块钱，真的太贵，够我一个月的生活费了。心里疑惑，真的有人花这大价钱，买一瓶护肤品吗？

事实证明，她很有眼光，是我低估了大家钱包的承受能力。上架小棕瓶，销量非常好，一度卖断货，引领了小棕瓶的先锋潮流。而当年，翻遍整个淘宝网，都没有几家在卖。通过这件事，我知道了选品的重要性。一个好的产品，才能成为爆款。

很久之后熟悉了，我才大方地问她："咱们学校那么多比我厉害的女生，为什么选中我合伙做生意呢？"她听了我的话，就笑了："因为你够勤奋，你比咱们学校所有人都努力。"看，勤奋的人从来都有好运气。

她开店几年后，赚了一笔钱，就去上海买了房。她的离开，让我有点失落。但是那时，我已经熟悉了所有的流程，也有了自己的实力。这个女孩是我的创业启蒙人，我至今都非常感激她。

如果没有当时的她，就没有现在的我。

刚创业时，我在莲花路买了30块钱的廉价箱子，穿着土得掉渣的衣服，闯进澳门八佰伴金碧辉煌的商场里。各种大品牌琳琅满目，闪闪发光。在这里买东西的女人，化着精致的妆容，穿着得体的衣服，背着昂贵的包，一举一动都很美。我就像格格不入的乡巴佬，但是柜姐们一看见我，就两眼放光，踩着高跟鞋"嗒嗒嗒"地跑过来，兴高采烈地欢迎我。因为我可以为她们带来远胜于单客的利益。

有一次，某专柜柜员看中了我，她对我说："可以帮我推广这个粉底液吗？这是新品，488元一个。"我想了想，这也太贵了，口袋空空撑不住。柜姐看出了我的为难，便说："不怕，你没钱，我就先帮你垫着，你只管拿货，卖掉之后，再来还我钱也不迟，我还可以送你很多小样。"我开玩笑地讲："那我带货跑了怎么办？"柜姐爽朗地笑了："凭我对你的了解，你不是这种人。"

在拿到她赠我的小样后，灵光一闪，有了一个好主意。我把小样标了一个很低的价格，卖了出去，然后用赠品赚到的钱，补贴正货。这样就可以压低正货的价格，以288元的价格卖出去。当时线上线下，没有比我的货更便宜的正品。我以这样的独家思路，加上品质的确过硬，做爆了这款粉底液。直到现在，依然很多人用这套思路卖货。

当然，因为这个策略，不负所望，把货全部卖光了，也把钱还给了这位柜姐。她当时看见我的时候,非常开心:"我就知道你能做到,也知道你会回来。"当时,我在珠海,她在澳门,相隔两地,萍水相逢,并非深交,非常感谢她18年前的信任。

大学毕业之后,我和男朋友租住在一个几平米的出租屋里,逼仄炎热,房间里除了床,就只有一台旧电脑和桌椅。这台电脑就是用来工作接单的。最忙的时候,来不及吃饭,来不及睡觉,我和他三天三夜没有合眼,一直在接单回答问题。

在出租屋的日子,单调乏味,从来没有像同龄人一样,出去约会看电影、吃大餐或者进行其他娱乐活动。我每天像个石头一样,一动不动地待在屋子里,除了接单,就是用胶带打包快递。

18年前的淘宝,根本不是现在这个样子。那时候,网上购物的观念刚刚兴起,很多人半信半疑,还不敢去买东西,生怕被骗了。而且,一些制度的确不完善,很难保证消费者的权益。

而现在,经过18年的迭代升级,购物网站完全站在消费者的立场,保证利益。吃喝玩乐都可以在网上买,甚至还能买到房子。这是一个全民网购的年代,彻底改变了中国人民很多年的传统购物习惯。回想起来,第一次做淘宝店铺,只是为了赚学费而做的尝试,从来没有想过能把它做18年。而现在,我有信心把这件事做一辈子。

很多时候,我们都是懵懂闯入一个新领域。但是能不能坚持下去,要看热爱与否。我其实有过很多次退出的念头,最终都被我一一掐灭了。我的产品可以让很多自卑的女生变得更漂亮，变得更自信，让她们的生活充满快乐。有什么事情比带给人希望更美好的？这也是我的初心，让所有女孩因为我的产品而变得更美好。

刚开始和我一起做美妆的一批人，看到服装赚钱，便一头扎进服装行业，而后又尝试各种其他领域，有的成功了，也有的失败了。而我不同，比较执拗，认准了美妆，就一个劲头向下深扎，看似我好像失去了一些其他追逐更好前景的机会，但其实，我的收获会更多。

△ 16周年纪念徽章

我是在同一个地方生长了18年的树，和其他隔几年就换一个地方的树，实力肯定不一样，我的根基会更深邃、更庞大。等其他树离场，换到可能更好的地方时，我从不心动也不摇摆，就坚持在这里，做自己要做的事情。熬过那些无人问津的时光，有人回头来看我：哇，原来你还在这里呀，做得这么好。

　　对啊，18年的时光，怎么能白白过去？

　　小时候有个看图写作文，我印象深刻。有两个人一起打井，第一个人挖几米，就换地方，一直没有挖到水，就生气地说这里没有水。另一个人坚持在一个地方挖，挖得很深很深，终于挖出了水。这个图很简单，但寓意很深，你是第一个人还是第二个人呢？我希望你找到自己热爱的事情，就在此地深扎，不要跟风盲跑，不要人云亦云。下定决心，做这件事，十年不退场，你也能赢！

绝境：当断则断，从0再来

创业就像打开一系列盲盒的过程，我永远预测不到里面装的是什么，小心翼翼地开盖，经常是炸弹与惊喜同生。

2016年的一个深夜，我坐在桌前，呆呆地望着电脑上的数字——30万，这是我店铺粉丝的数量。30万，不是一个简单空泛的数字，每一个"1"的背后，都站着信任我喜爱我的人，他们是生动的，是温暖的，无数次将我的产品放在家里。某种意义上，我早已见证过他们的欢喜和哀伤，成为他们生活中的一部分。

当时的我，面临一个非常煎熬的选择：究竟要不要关店，选择重新开始。如果关店，就意味着30万粉丝数量瞬间清零，我将很可能一无所有。心头好似有一把锋利闪亮的锯齿，来来回回地扯裂，疼痛不已。我很纠结，迟迟不忍心做出决定。

时至半夜，走到窗边，只见城市灯火黯淡，白天的喧嚣荡然无存。一切都是沉静的，死寂的。抬头的瞬间，突然看见一点星光闪烁，我坚定地在心里喊出一个字："关。"如果这个选择不得不做，那我犹豫的时间，其实就是在浪费生命。关店有什么大不了的？十几年前，我的粉丝也是0，那就不如从头开始，一点星光也是希望的开端。

关店之后，30万粉丝瞬间没了。如果说心情不低落，那肯定是假的。我紧锣密鼓地开新店，积极地投入进去，就像在悬崖边抓住最后一根藤蔓，摇摇欲坠。那天，旁边的同事盯着变化的数字，紧张地报告："钟姐，粉丝过百了，过千了，过万了！"粉丝从0开始，以每天1万的速度上涨。我喜极而泣，终于不用担心发不出员工工资了。心里的秤砣重重落地，我才安下心，好好和家人吃了一顿饭。在我们关店的第二年，也就是2017年，年收益做到了8000万元，比之过往，翻了好多倍，这才证实我的决定没有错。

2018年，我想要从个人店铺升级到企业店铺，又面临着相似的抉择。每到深夜，那个两年前的灵魂拷问又来了："关不关店？"当时我跟决策层的几名成员彻夜未眠，反复磋商和考虑这个决定会给团队和客户带来的冲击。

我仔细复盘了第一次关店的情况，能成功翻盘是侥幸还是必然？是必然。为了公司的长远发展和团队的长远利益，壮士断腕，势在必行。于是当机立断，在公司内部发布了关店新开的公告，同时启动了团队拉练和危机公关工作。团队这边我详细交代了一番，承诺薪酬不会受到太大的影响，全体管理人员立下军令状，稳定住军心。大家在调整后续工作安排的同时，还预估了所有可能遇到的风险，备好应对措施。我一边做着最坏的打算，一边给予团队最充足的鼓励和资源上的支持，让大家凝聚一心，共渡难关。

面向客户那端，我立刻写了一封《告爱妃信》（我们称客户为"爱妃"），在朋友圈和媒体平台进行了换店宣告；同时启动新店的注册和筹备工作，把店铺的页面装修在两天内迅速完成。另外，我们连夜赶制了心声视频，把多年来老店的点点滴滴回忆汇剪成片。包括很多客户因搜不到我们的店铺，发来的问候和关心也被我们一一记录下来，做成电子相册同步到媒体平台，并预告新店开张的时间，尽力安抚和挽留老顾客。

12月24日，公历的平安夜，是我们的新生日，也是我们品牌涅槃重生的纪念日。在当天到店购买的客户，都会赠予"珍爱妃"的名号。为了感恩她们的不离不弃，只要下单哪怕1元，都会享有1年的珍爱妃权益，回馈她们相应的购物折扣和礼品。

最终，我们的关店不仅没有受影响，反而还在2018年做到了上亿业绩，简直成了业界人人赞叹的奇迹。大家都在疑惑，为什么我3年内关店两次，业绩不降反而迅速攀升。回过头来，我最要感谢的，还是当初果断地推翻重来。在试错成本很高的情况下，这一决定并不容易。

那么面对绝境时，该如何思考，如何行动？我想分享几点经验，如果你也身处类似的境地，可以随时启用这些智慧。

1. 运用望远镜思维

什么是望远镜思维？就是从更长远的时间维度来看待人生问题。比如从五年或者十年后的视角，来看现在的决定是否正确。当然这只是一种假设情况，我们并不能真的跳到未来，但这是通过给你的选择加注，增加成功或失败的砝码，来看到它的真正价值。

我知道，大多数人都是从今天的角度看待事情的。我今天能不能受益？我现在能不能得到更多回报？这种常常想要"即时甜蜜"的心态，其实很危险。比如，用这种想法评判读书，就会变成，今天读的书对现在的我没用，没有立刻获得成绩，那我为什么要读呢？今天的健身没法让自己瘦两斤，那何必自讨苦吃呢？短视思维，就会让自己的人生陷入一成不变，甚至堕落消极的死胡同。

不懂得长远布局，必定会输在与今天较劲的路上。

我在关店时，看似把自己逼到了绝境，化为乌有。其实，从未来视角来看，重开一家店铺利远远大于弊，品牌树立宜早不宜迟，它是最有利于公司的长远发展的。我动用了望远镜思维，让我拥有了随时从0开始的勇气。而数据证明，我是对的。

长远利益和短期利益常常会有冲突，我们在抉择时要站在前者，这才是细水长流，厚积薄发。当你把很多事情放在不同的时间维度上看待，就能跳脱出现在，不局限于眼前得失。你原本看轻的可能会变重，看重的可能会变轻，这是一种神奇的魔法，只有时间知道。

有人只能看到今天的一方之地，有人却能看到明天的广阔天地，这就是思维的区别。不同的思维，自然带来不同的行动，不同的行动，塑造不同的人生。

2. 诚恳地正视问题

当你心里萌发归零的念头时，就意味着目前状况多多少少有些问题。这就是敲响的第一声警钟。但很多人在这里就忽视了，或是自信满满或是刻意掩饰，忽悠自己说问题不大。

"问题"这个东西，就像蛀牙，它不会凭空消失。如果你一开始不重视，等它逐渐扩大，就无法控制。它会繁衍滋生，以更快的速度颠覆你的生活。不直面问题，无所作为，情况可能会越来越糟。就像温水煮青蛙，等到水开的那一刻，你就丧失了主动权，再也没有弹跳的能力。你对问题的忽视，会成为日后痛哭的眼泪。

所以，无论何种境地下，我都要把主动权掌握在自己手里，所有的选择都是我主动去做，而不是被动地等待审判来临。公司发展遇到瓶颈，那就挑破瓶颈；团队建设遇到危机，那就化解危机。尤其作为团队的领袖，不躲不逃，不避不让，一刀取舍，斩断乱麻，在最大限度内对自己、对团队负责。

选择什么样的路，就要承担什么样的代价。上坡路有上坡路的代价，下坡路有下坡路的代价。在权衡之后，只要你觉得可以承受这个代价，那就去做。最忌讳的就是拖延，如果你在一条注定可以预见失败的路上拖延，那就是将自身拉入沼泽地，越来越难以抽身。积极主动去改变，才有打破困局的可能性。

3. 悄悄地积攒实力

对于没有积累的人来说，绝境就是绝路；对于有积淀的人来说，绝境可能是坦途。

很多人都佩服我的勇敢，其实，我的大部分力量来源于团队和粉丝。在选择关店时，我最担心的不是自己，而是团队。如果开新店，不知道何时才会有收益，不知何时才能发工资。我盘算了现金流后，一筹莫展，做了最坏的打算，对团队几十个人说："如果没有粉丝的话，可能就发不起工资了。"

这时，有个同事站起来说："钟姐，我刚刚买了车和房，现在正在还车贷和房贷。如果三个月不发工资，我还可以生活。如果半年不发工资，就比较难熬了。"听到这话，我突然明白，他的意思是，可以无条件支持我三个月，即使不发工资也没关系。看着对方年轻的脸，我背过身，擦了眼泪。他们将青春押在我身上，我又怎么舍得让他们输掉？那一刻，我们不是同事，而是浴血奋战的战友。与其说他们需要这份工作，不如说我需要他们给我的力量。他们是我坚实的大后方，因为有他们，我才有勇气站在一线去拼杀。

我创业18年来，风风雨雨，互联网行业早已经历几轮洗牌，但我最初的粉丝，依然跟着我，不离不弃。每当看到熟悉的ID淘宝用户名闪现，我就很安心温暖。萍水相逢，未曾谋面，但却缘定一生。这份沉甸甸的信任，就是我前行的动力。我给我的支持者起名"爱妃"，因为每个爱我的人，都值得我去好好爱。

我没有惧怕过未来，也从不遗憾过去。因缘随起，自有定数。在不确定的世界和生活中，我的核心支撑点就是团队和粉丝。你的实力是什么？是个人超强的能力，还是团队的凝聚力？请找到属于你自己的实力，才能更加游刃有余地对待任何情况。赤手空拳面对困境是比较难的，记得给自己开一个小仓库，每天储存一点能力进去。能力不会凭空增长，需要我们一点一点用心维护。

▽"双十一"整晚的大促

△进博会直播　　△珠宝专场

▽ 特色直播　　▽ 直播现场沟通

△ 装修半完工时开播　　△ 一台手机、一个支架也要走天涯

团队：真诚为本，互利共赢

如何才能让团队的力量不断成长、不断提高，这是所有企业家面临的共同议题。我的答案是：真诚为本，互利共赢。

在此之前，我想讲几个团队成员的故事。

杨杨和我渊源非常深，她是1994年出生的。她的家乡重男轻女，女孩们普遍没有上学的权利，学习是男孩们的特权。女孩的命运被操控在父辈手中，初中毕业后，不管成绩优异与否，都会被送去各种工厂打工，打工的钱则全都寄回家养哥哥或弟弟。等到二十岁出头，就被嫁人，家人就又能收到一笔丰厚彩礼，成为哥哥或弟弟婚姻的储备金。

瘦弱的杨杨也是这样，在她上到初中时，理所当然被停学了，即使强烈抗争，也没有赢。我第一次见到她时，她即将要被送往工厂。我发现她怯怯的、质朴的外表下，隐藏着独特的灵气。我突然觉得，这个女孩不该被如此湮没。

我带她来到珠海，加入我的公司。一直生活在乡下的她，对城市的一切都非常新奇。索性就陪她玩了几天，我带她看人生中的第一场电影，带她逛商场买衣服。

刚开始，她的基础真的很弱，甚至不会打开电脑，我就耐心地从开电脑开始教她。她进入公司后，非常努力，汲取一切可以学习的知识，开始迅猛成长。从最基层的工作做起，打包快递，一点点向上走。我发现她做任何事情都很用心，会比别人更多反思。同时，她也开始自学，每天都在读书，从网络上深学各种各样的课程。她的自律和拼搏精神，补长了她的短板，她甚至比其他学历高的人更加优秀。

在多年的工作中，我们一起带领团队前进突破，杨杨的自身能力也不断提高，成为公司的管理层，在珠海实现了买房安家的目标，早已超越了同龄人，成了家里人的骄傲。这充分证明，学历在我们的一生中，不是决定性的，自我成长才是。

我给予了她上升的通道，改变了她一生的命运，她也为公司创造了成绩，这不就是最好的共赢吗？当然，共赢是建立在真诚相待的基础上。

我的前助理百合，当年陪着我飞遍全球。很多人都羡慕她和我一起出差，可以天南海北地玩，非常有意思。其实和我出国最辛苦，哪里有机会玩呢？全程都在工作，时差颠倒，奔波劳累，都没有空吃饭。不是我不留时间，而是品牌方做好所有的工作安排，不给我留吃饭的空当。

有一年，我们飞希腊溯源，去品牌公司做调查。淡季的圣托里尼岛荒无人烟，根本就没有多少人。白天，我们和品牌方洽谈各种合作细节，查验产品质量。晚上，累了一天，肚子空空地回到酒店，却悲伤地发现整个岛都停电了，漆黑一片。国外不像国内，城市彻夜灯明,可以随意点外卖。冬季的圣托里尼,所有餐厅和店铺大门紧闭,没有任何可以买东西的地方。酒店也停掉了暖气,我当时冷得瑟瑟发抖,饿得肚子咕咕叫,但也无计可施,处在崩溃边缘。此时,百合打开手机闪光灯,静静地从背包里拿出一块面包,递给我说:"钟姐,我这里还有一块面包,你快吃。"

老钟和助理百合▷

巨大的黑暗中，这束暖色的光线，聚焦在小小的面包上，我当时眼眶就湿了。这块面包是她自己背包里的，换言之，如果她自己悄悄吃掉，我不可能知道，可她偏要拿出来给我。我把面包推了回去："你吃。"百合笑着摇头："我不饿，钟姐。"她和我一样工作了一整天，滴水未进，怎么可能不饿？更何况，她是一个每顿都要吃两碗米饭的姑娘。

后来，我们在圣托里尼酒店的微光里，平分了这块小小的面包。毫不夸张，这是我这辈子吃过最好吃的面包。因为这不仅仅是充饥的食物，更多的是爱与温暖。

还有一次，我去外地和品牌方谈合作，中间已经换了好几拨人，每次都是无缝衔接，依然没有时间吃饭。一天下来，我和百合的胃撑不住了，互相看了对方一眼，暗示自己饿了。品牌方的工作人员依然滔滔不绝地讲话。我就问他："你饿吗？"他摇头说不饿。

我心想，不能让百合这样陪我死撑。说了抱歉之后，就跑去便利店买了几个饭团，我和百合一人一个地吃起来。抬头看见品牌方人员正盯着我，我便给了他一个饭团。没想到，他也狼吞虎咽地吃起来，原来早就饿坏了。

CiCi是我的现任助理，那时，我们去日本出差，白天已经工作了一整天，但是晚上还有直播比赛。她从没有参加过直播，但是当时人手不够，她就来帮我回答问题。我犹豫着问可以吗？CiCi坚定地说："钟姐，我可以。"她提前背好各种产品的复杂资料，帮我回答粉丝的种种疑问。整场直播中，她高度集中精神，非常细心谨慎，生怕出错。我拍着她的肩膀说："没关系，放轻松。"

持续了几小时的高强度直播后，她立刻给直播设备充电，充电器接触插座的那一秒，她"啪"地倒头睡在桌子上了。看着她疲惫的样子，真的于心不忍。第二天醒来，她竟然断片了，不知道自己怎么睡着的。

2017年，一场声势浩大的天鸽台风，快要把珠海吹烂了。我们办公的整栋楼都在台风中摇晃，乱作一团。当即，我慌张地喊大家："赶紧下楼，别工作了。"

这时，一个员工大喊："钟姐，让我再接一个单！"性命危急的时刻，大家还在工作，真的太拼了。我哭笑不得，被员工这种拼劲所感动。后来，我们所有团队成员一起躲在地下通道，听着外面的狂风呼啸，还在商讨业绩。台风过后，我们又开始两天两夜地抢救仓库，幸运的是，没有造成任何损失。这就是我的团队成员，他们和我同甘共苦，我们的感情远胜于工作。在珠海这个人才匮乏的地方，我却能拥有这么多的人才，内心非常感激。

△ 感谢员工们送的生日卡

△ 感谢"内务府"送的小行星

我从不给员工"画大饼","画大饼"不是激励员工的方法,反而让他们看不到方向。我希望大家在公司,不受气、不压抑,彼此开开心心赚钱,一起成长幸福。我会在能力范围内,尽可能地营造良好的工作环境,给员工更多的回报,给大家踏踏实实的奖金和福利。我们公司员工的工资比珠海同行业高百分之二十,这就是我的真诚。只要大家心意一致,我愿意多分,愿意多给,共赢才能走得长远。只是一味压榨员工、剥削员工的公司,早晚会被淘汰。因为我对他们真诚,他们才会全力以赴工作。

我最开心的就是看到员工买房买车,我经常告诉大家,要存钱理财。看到他们买房比我自己买还要开心。有一个员工的父母特别感谢我,他们觉得我把孩子带出来了,有能力了。还有个员工每天开宝马,兢兢业业地上班,他妈妈对他说:"你好好干,你的老板跟别人不一样。"

我经常和团队同事调侃,我就是那个"冲锋陷阵炸碉堡的人",我是可以为了事业牺牲自己的人。我可以克服所有的艰难困苦,连续通宵工作的经历数不胜数,但是我并不鼓励团队这样做,身体才是第一位的。

现在流行"内卷"这个词,很多年轻人不敢努力,怕稍微努力,就成了内卷的牺牲品。"内卷"的含义是内耗,所有人将时间浪费在没有意义的事情上。但是努力却不同,工作不仅仅是为公司创造效益,更是为了提升能力,成为你更好的生存手段和根基。如果没有这些能力,如何能立足社会呢?但是疲劳战绝非长久之计,给员工可持续的状态,才能带来可持续的效益。

在真诚相待的基础上,我也在不断调整和优化老钟团队的管理制度。

前总经理采用的是世界五百强的KSF管理制度。我觉得这个制度的条条框框太刻板了,如果一个人犯错,就要连累很多人。一层层的制度，一层层的管理人员，浪费的全是时间和精力。我觉得听不懂的制度就不是好制度，大道至简，简单的管理方法反而更有效。

现在公司的员工越来越年轻化，年轻人更直接坦率。70后辞职会说："老板，我明年辞职"；80后会说："老板，我半年后辞职"；90后说："我明天辞职"；00后啥也不说，直接就走了。我们不能用老方法管新人，不能用管理80后的方法管理90后。公司有人说我不懂管理，但是我懂人心：人心换人心，真诚换真诚。制度是为公司服务，而不是压制公司。虽然付出100%的真诚，可能只能收获90%的人心，但我甘愿付出更多。10%的损耗是必然的，能换来大多数的支持，就非常值得。

我想朝着扁平化模式去努力，所有的管理者都和员工站在一线，而不是层层叠叠的金字塔模式。让听到炮声的去打仗，这样才能洞察事实。而我们的员工，在未来还有机会成为公司合伙人。公司在发展过程中进行了多次组织改革，目的是提升团队的战斗力，拉升整个公司产出的价值，让每个人都有动力去朝着目标努力和奋斗，并能平衡大家的付出和回报。

2018年以前，我们采取"共同分红"的原则，按照级别进行"底薪+分红"的绩效模式，这种模式是符合我们"共赢"企业价值观的。但后续带来的问题是，好像干多干少大家的区别都不大，一荣俱荣，一损俱损，团队内部会慢慢出现一些声音，造成一些分裂。随着团队的扩张，到了2019年我们成员翻了一番，从公司成本和人才吸纳发展的角度，这种模式到了需要改变的时候。

所以从2019年至2020年初，我们进行了"KPI+OKR"结合的尝试。KPI是企业常用的考核工具，而OKR是如今互联网公司时兴的管理工具，它偏向于激励员工的工作积极性，侧重于对目标感的培养。我们给不同的职能部门和岗位设置了1~4个KPI考核指标，明确所有人的工作职责和方向，与月度的奖励挂钩；而将OKR设为一种年度奖金机制，下放到部门。例如，年初制订一个OKR目标："××部门年底完成增粉3万"。到年度目标复盘时，如果达到了，他们整个部门就可以分享这一块的奖金，而且是和年终奖区别开来的。

该制度确实大大提高了大家的积极性和凝聚力，2019~2020年我们创造了好几个业绩记录，"双十一"也破了历史纪录。年初制订的几个重点OKR指标达成，团队更涌现出一批人才，为后面的业务的开展发掘了可造之才。

2020年年初疫情暴发后，我们在家办公，又采用了另外一套绩效机制来应对接下来的挑战——"KSF+积分制"。这个调整目的在于更综合地评估人才和推动公司的流程化、标准化建设，建立公司人才库和员工的能力梯度。KSF全称为"关键成功因素分析法"，打个比方，NBA球员的薪酬构成，除了基础薪酬，还要受上场数、场均得分等表现来算奖金，这些也是作为他价值的体现。一个球员可以签死工资，无论表现好坏，一年的年薪就是固定的；那如果经过KSF改革，我们可以跟球员商讨，进行一个"一篮子"奖励方案，调低薪水的比例，加大关键考核因素的奖励比例，多劳多得，奖励关键表现杰出的人员。

而积分制的设置，是我们希望把"人品"作为日常表现中可以衡量的指标。这个指标本身有点主观，但结合各方的评价，并做一个加权比例的处理，还是能相对客观地反映出一个人的综合素质的。我们的积分制由A、B、C三个因子组成，A代表"Aim"，B代表"Behavior"，C代表"Culture"，也就是以"目标完成+日常行为+企业文化"综合评估一个人。这一项是季度考核项目，按部门人员比例进行排名，得分靠前者每季度会有一份额外的奖金以及光荣榜公示。

除了及时调整管理、评估和奖惩制度，我还改革了会议制度。

我仔细观察后，发现各部门的会议太多了，以至于上班的一半时间都在开会。而这些会议除了浪费时间，又能创造出什么效益呢？对于创业公司来说，人多会多，效率却很低，是很大的危害。而且，现在年轻人很不喜欢开会，他们都想要直接做业绩，而不是听领导在那儿说太多。于是，我大刀阔斧地进行了会议改革。要想开会，必须满足八个条件才可以；而且给会议室设置了收费制度，每小时收150元。这样大家都提高了开会效率，减少了无用功。这个举措也受到了员工的好评，他们说早就不想开那么多会了。

真诚是根本，互利才会赢，多从员工的角度考虑，团队才会越来越好。正如我的老师罗振宇所说："真诚是通向一切的道路。"

人才：品格是1，能力是0

公司发展最重要的是人才，什么是人才呢？在我看来不是学富五车，不是自带人脉，而是品格足够端正。宁用"有德无才"，不用"有才无德"，因为前者你可以教，后者你往往无能为力。

这是一段我不太愿意提起的经历，不是因为怕被别人嘲笑，而是因为这一个跟头实在摔得太疼了……

13年前，有个小姑娘加入了我的团队，来面试的时候还是老王亲自骑着单车把她载到公司。她人很聪明，学习能力也很强，基本上我说一遍的事情她都能懂。两年下来，公司各部门她都摸透了，替我分担了很多，真心觉得自己捡到宝了。

慢慢地，她从基层做到了管理层，成为了老王和我的左膀右臂。2010年我暂别店里生意，安心备孕生娃。尽管不常到公司，她也会经常和我分享公司大大小小的事，让我有足够的安全感，也让我安心。

直到2015年，公司发展陷入了瓶颈，业绩开始下滑。我记得她真诚地看着我，苦口婆心地劝我说，你快回来吧，团队需要你。尽管那一刻，脱离社会四年的我，面对未知心存忐忑，但与此同时我仿佛感受到一种动力，因为我知道我们又要并肩作战。要攻克的困难也许很多，但我不怕，因为我知道有她在我身边，有团队在我身边，我们是经历过大风大浪后仍然站在一起的战友！

回归之后，我开始拼了命学习直播，她开始更密切和品牌方沟通谈业务。我在前端冲锋，她在后端协调，如果说用一个词形容我们的状态，那就是腹心相照。她业务能力越来越强，人也兢兢业业，我信任她，程度不亚于老王。

后来我决定任命她为总经理，并且给她开出200万年薪。很多人都会以梦想给员工"画饼"，但我很直接，就是希望大家在追梦的路上不要饿着，既然是一起熬过来的人，共苦了，必同甘。

2018年，她工作的第八个年头，我决定送她一份惊喜。那天下午阳光特别好，把这份礼物照得格外漂亮。她看到的那一刻有点不敢相信，随之眼泪夺眶而出，当然我也是。一台奔驰也许不能代表什么，但那是我想留住她的诚意，那段时间她工作也特别累，我希望也能鼓励鼓励她。

然而，没有"然而"就不算是故事了。曾经我的深信不疑，变成了一厢情愿。我以为自己把最好的给了她，但这并不是她想要的。2020年，她突然向我提出辞职，说以后有自己的规划，是时候要离开了。那一刻仿佛突如其来的致命一拳，把我打倒在地，痛得连爬起来的力气都没有。

我一直觉得无论是经营爱情还是经营公司，会把你规划在未来里的人，才是真的爱你。在我未来的事业版图里，始终给她留着最重要的位置，可是这个位置以后却没有人了……我不停地问自己，是我这些年哪里做得还不够好吗？也许全当是我的错吧，错在无法给她提供更大的空间，"老钟驾到"已经无法让她翱翔。

纵使艰难，纵使不舍，我还是决定祝福她。有力量相聚，也有力量分离。我相信她是看重情义的人，所以特意召集公司所有员工，为她举办了欢送会，当作送她的最后一份礼物。欢送会上，她含着泪向我保证："钟姐，我离职以后，绝对不会接同行的单，绝对不会伤害'老钟驾到'的品牌。"看着她坚定的表情，我瞬间动容，抱住了她说："我信你。"

我原以为这是我们故事的终点，没想到是反转的开始。

有一次，我和一个负责朋友圈文案的同事出差，她除了睡觉，其他时间基本都在疯狂码字工作，哪怕有轮班也一样忙，我问她这样的状态持续多久了？她依旧一边码字一边说："基本每天都这样，也快五年了。"

我听了很心疼，工作是一个人生活的一部分，但绝不是全部。员工认真工作我很欣慰，但我绝不要当压死他们的最后一根稻草。从她的口中，我开始反思前任总经理的管理制度。她曾向总经理反映现在的作息非常累，得到的回应是没有做好时间管理，没有形成自己的工作方式、技巧，等等。这些虽有一定的道理，可并不是长久之计。就像牛累了，抽一鞭子继续干活，但当你抽十下、一百下之后，牛可能就倒下了……

回想起来，曾经好几个老员工提出辞职，我原以为是他们各有打算，不承想是对公司制度早有不满。在总经理离开后，我和每个部门的核心人员开诚布公地聊了聊。我想证明我没有看错人，但确实听到了一些质疑声，对她过往某些决策的愤怒和委屈。这在和她骤然离开的双重打击下，令我焦头烂额。

有好几个晚上，我在办公室落地窗前，看着外面林立的大楼，看着街上车水马龙，看着闪烁的霓虹灯，傻傻地站了很久……她的确有做得不当的地方，但我告诉自己她为公司付出了十年青春，我们彼此成就过这样就够了。

从那以后，除了自己原本的业务，我还要挑起总经理的担子。在长达100多天的摸底中，白天我尽早完成所有运营工作、拍摄任务、开会等，晚上至少花2～3小时学习经营管理，还找了不少大咖老师请教。那段时间，整个人累得就像脱了一层皮。在强打精神收拾烂摊子时，却又发生了一件万万没想到的事。

我在朋友圈看到了一篇文章，里面披露了"老钟驾到"十几年的内部数据，看到最后我的手开始不自觉地颤抖，字里行间她表达了个人对公司的艰辛付出，表达了自己的成功决策，却只字未提她身边的我们和团队……

我知道她刚创业，为了建立所谓的"人设"，这无疑是最重要的背书，但是数据我可以给，利益可以给，而这份属于大家的荣誉恕我无能为力。创业那么多年，我一直告诉自己，取得再大的成绩都不是某一个人的功劳，如果荣誉是一面旗帜，那么它是用大家的汗血和智慧编织成的。

成年人的崩溃往往在一瞬间，我只怪自己不够成熟。看到文章当天我还有很重的拍摄任务，摄像机一开，我呆坐在那儿，眼睛就开始流泪，只能一而再、再而三地延迟拍摄时间。我一边在向摄影小哥说不好意思，一边给自己做思想工作，现在都想不起来自己到底是怎么结束那一天的。

这无疑是我创业中的至暗时刻，仿佛被一只无形的有力的手推入了深渊……

直到有一天，有个同事说了一句话让我恍然惊醒，他说："'老钟驾到'没了谁都可以，唯独不能没有你。"是啊，我身后还有一百多个员工等我发工资，相当于一百多个家庭，现在不是情绪为上的时候，我必须振作起来，稳定军心。于是在大家的鼓励下，我一点点从悲伤中抽离了出来。

如今，回想起来，你问我恨她吗？

我真的不恨。

每个人都肩负着生活的重担，每个人都有自己的活法，每个人都有自己的生命轨道。生活的毒打也许会让一个人变得坚强，也许会让一个人变得面目全非，但答应我，不要活成自己都看不起的样子。

这件事之后，我也思考了很多，关于公司管理、风险预案和用人策略上。

当时总经理的离职，我最担忧的其实是"团队"。当我们决策层几个人再三沟通，仍无法挽留时，只好硬着头皮安排交接方案。十几年的相处时间，顾及人情体面，也给其他成员预留一点消化时间，我们暂缓了两个月公告，尽力让大家能安稳地过度。

我跟每个部门的负责人进行了深入沟通，打破过往的沟通障碍，将工作重心重新做了梳理和取舍。之后和每个部门组织了联谊活动，加强团队的凝聚力、避免恐慌；并郑重地宣讲了未来的工作展望和规划，给执行团队更多的信心。

数据泄露之后，除了公关正名，我也安排人事部门建立了一套"竞业禁止"制度，以及管理层的保密协议，以应对今后同行恶意竞争和抢夺人才的情况。权责分明，一方面将合理的信息公开透明，另一方面杜绝内部机密再遭外泄。

虽然做了最大的努力，这整件事仍不可否认给公司带来了极大的损失。它给我最大的启发就是，团队要想良性发展，不能过度依赖某个人。应当建立一套流程标准和制度框架，让团队的成员都能积极思考、参与到决策和运营当中，这样应对突发状况时能更加

△ 每个人都肩负着生活的重担

成熟、冷静，也更有机动性。改制后，很多成员反馈道：以前大多数时候是"一言堂"，自己的意见提了也没用，久而久之就不想提了，但现在有了更多表达的机会，而且在实际执行中会有所采纳，感觉找到自己工作的意义和动力了。幸而从长远来说，这一次事件让团队变得更坚韧，得到了更多的锻炼，更快地成长了起来。

很感谢她，某种意义上，她也是逼迫我迅猛成长的贵人之一。你知道，有些贵人并不是以正面形象出现，而是相反。她让我开始反思，对于员工来说，究竟是品格重要，还是能力重要呢？在此之前，我一直信奉能力为王，只要能为公司创造成果，就可以加薪升职；但是现在我开始疑惑，能力是否绝对高于品格呢？

高强的能力固然会给公司带来效益，但是如果人品不好，更可能给公司带来惨烈的伤害。而且恰恰能力越强，职位越高，带来的负面影响范围越大。他会让整个团队笼罩在阴影里，或者给公司背后致命一击。品格是"1"，能力是"0"，纵然后面的"0"再多，没有前面的"1"，形同虚设。

经此教训，我在组建团队招聘员工时，会把人品放在第一位。特别跟人事部门商讨出一套综合素质评估模型，对应聘者除了考察专业度、沟通表达能力、逻辑分析能力等硬指标，还增加了应对逆境反应、冲突场景、抗压问答等软实力的比重。另外在员工的试用期内，要求部门主管和人事主管对其进行操作观察，在专业性、自律性、跨部门协作、上下级沟通、抗压性上做严格评估，作为转正取舍的依据。

我很看重人品，是因为人品是为人处世的基础。一个人再有才华，若沉不住气、经不住诱惑、耐不住寂寞，急功近利，就可能因一念之差毁掉一切。我宁可选择真诚、踏实、努力、拼搏但可能没有那么聪明的人。和志同道合、心怀善意的同事合作，才能把事业越做越大。有能力没人品的员工，就像美丽的罂粟花，看似美丽，实则有毒。真诚、坦率、善良，这些最昂贵的付出，我们选择给予值得它的人。

定力：安不忘危，危不自弃

陪孩子们在游乐园坐过山车时，我突然发现，这么多年的创业体验和坐过山车差不多，大起大落，跌宕起伏。但结果也和过山车一样，不管中间遇见怎样大的动荡，到最后总能长舒一口气，安稳落地。

创业字典里没有"一劳永逸"这个词，也就注定了它永不平稳的特性。"三起两落"是我创业中的核心词，诸多磨砺中，我又摸索出了哪些心得呢？

1. 在高处要有危机意识

有时候，暂时的成功会让人志得意满，反而做出一些错误的决定，这在行业内不算什么新鲜事。为什么？因为刚到高处，看到了一览无余的好风景，便心生妄念，想爬得更高更快。这必然需要加大马力、疯狂扩张，但是由于之前的积力不足、储备不够、各方面经验欠缺，很容易翻车，跌落山谷。

在我复出前，公司经历过第一个失误。那时公司为了寻求出路，想往微商方向发展。在没有经过慎重考虑，对微商市场没有充足了解的情况下，花了好多钱把一个台湾代工生产的面膜品牌进行了买断。由于缺少经验，微商的运营失当，团队的打法也是云里雾里，最后积压的面膜直到2019年才全部清货完毕。

当时的压力是可想而知的，面对积压在仓库的一大堆货品，我们除了想办法卖掉，最重要的是及时斩断往微商这条路发展的念头，把目光放回专注为客户提供价值、做好服务上，而且要比同行做得更深入、更细致。所以，我们成立了专业的顾问团队，还开始建立自己的品牌部门，对外输出自己特色的内容。通过录制高质量的短视频和"种草"①视频，为客户输出具有使用价值的内容；通过专攻直播和朋友圈塑造"老钟"IP，把最真实和最专业的一面展现给大家，构建大家对"老钟驾到"的信任。

2020年进入疫情特殊时期，公司陷入另一个决策失误：转向追逐流量。开始请明星来我们的直播间，频繁地购买流量和盲目地投放广告。当时是作为一种尝试，抱着观望的心态去配合执行的。但是经过了半年的投入，从客户在直播间、在私聊信息中的反馈中，我看到了失望、错愕，她们说我们开始为了新客户冷落老客户，开始夸大产品功效，服务已经有落差了，等等。那一刻，我们觉得自己很失败。我们被流量诱惑和裹挟，忘记了初心，忘了我们为什么出发。

那一年整个团队都干得很累，但收获的认可和成果不如人意，甚至有人离开了团队。因此，我们在那一年也做出了业务绩

---

① 网络用语，指分享和推荐某样事物，可以是以激发购买欲为目的，也可以是单纯的分享。——编者注

效和组织结构的调整,重塑整个团队的文化和价值观,把战略坚定不移地扎根在极致服务、极致品质上。

从此,当我听到"钟姐,恭喜哇,你好厉害"这样的话,我就开始警惕,环顾四周,看看自己是不是处于高峰。人贵有自知之明,我知道自己能力的边界在哪里,所以对于那些奉承话和客套话一概不盲听。而且说这些的大部分是外人,看不见我步步惊险的过程,才能若无其事地恭维;和我并肩作战的战友们,能看见前方永远有激烈的战场,所以不会对任何情况掉以轻心。

在创业过程中,很多同事提过各种各样的建议和规划,我们会评估所有的方案,筛掉好高骛远的,保留可实际操作的。比如,有人建议朝着上市的方向做,但我知道,一旦资本入驻,我就无法按自己的心意做公司,这和我的初心违背。我不想被资本控制,为了盈利而不择手段地扩张。我只想做一个小而美的公司,可以为顾客谋福利,可以让团队养家,可以让自己实现梦想。

我常常对团队说:"月亮上的钱再多,我们能够得到吗?不是我们该赚的钱,我们就坚决不去赚。"想把手伸到月亮上,这个比喻虽然听起来很荒谬,可是当人在高处,内心膨胀时,就会产生这种妄念,以为天下我有,万事可成。实际上,做成一件事情是靠天时、地利、人和,加上团队夜以继日的拼搏,不是自己随便搞搞就能成功的。大多数热血上涌、一拍脑门的决定,都会惨遭滑铁卢。

认清自己现在的能力边界,不夸大、不膨胀,也不低估、不怯弱。什么是贫穷?是你的欲望超过了你的能力;什么是富有?

是你的能力超过了你的欲望。低欲望、高能力的人容易产生幸福感；高欲望、低能力的人容易产生焦虑感。让能力和欲望匹配，是掌握人生不偏离轨道的重要法则。

  2017年，公司业绩突破8000万元，是一个小高峰；2018年，业绩突破3亿元，是又一个小高峰。站在高处，在众人觥筹交错的庆功宴上，我真真实实地体验到了众人追捧的眩晕。当即，一丝危机感犹如清风吹在心头，及时提醒我——慎，慎。位置越高，越没人敢和你说真心话，犯错成本越大。我非常珍惜那些愿意和我说真话的人，这些人的存在像一面清澈的镜子，时常提醒我要看清自己的来路和位置。

  在安逸的环境里，需要有恰当的危机感。它不能太沉重而吞噬埋没我，也不能太压抑而让我胆战心惊不敢前行。我要及时复盘，究竟做对了什么？这个成功经验能不能复制？还有哪里做得不够好？怎样能做得更好？对高峰保持敬畏，对欲望保持警惕，增强甄别能力，谨慎扩张版图，握紧成功精髓，时刻准备提升。

  我每晚睡觉之前，都会问自己一个问题：你为下一刻的危机准备好对策了吗？这个问题让我警醒，也让我能够踏踏实实进入梦乡。因为确定自己没有飘，仍有需要提升的地方，我才更有动力前进。

2. 在低处要保持信心

  2016年时，我已经完全脱离团队整整五年了。五年间，我生育了三个孩子，远离商业已久，我以为自己会洗手做羹汤、相夫教子一辈子。待在家里，就这样过岁月静好的传统生活，好像也不错。直到有一天，公司的老同事匆匆赶来找我，我当时正在家抱着孩子们读绘本。他焦急地告诉我："公司马上要倒闭了，钟姐，求你赶紧回去吧！"

平地惊雷，听了这话真的太震惊了，我从不知道经营状况竟然如此之差。仔细了解完情况后，我开始犹豫胆怯，五年没有工作，外面早已换了天，商业规则都摸不透，我真的能撑起一个即将破产的公司吗？同事快要哭了，他求我："钟姐，你不来，我们就真的没救啦！"

看着同事，我难过得说不出话，内心涌动一股力量，感觉自己必须要去负责，不只是为了公司，更是为了曾经和我并肩作战多年的老同事，不想让他们失业。

没想到，因为业绩下跌厉害，公司几次搬家，一次比一次偏远，早已从繁华的商业楼搬到了破旧的仓库，每月租金才3000元。我环顾破烂逼仄的环境，看着同事们疲惫无光的面孔，心里被扎得生疼，突然想哭。这是我一手建立的公司，却落败成这般模样。那些曾和我谈笑风生的同事，不该委屈蜗居在这里，糟糕的环境如何能让他们心生光明？

当即，我便决定让助理重找办公室，她给我看了很多性价比高的地方，租金不贵，地段也还行。我全部拒绝了："这些都不行，别看了，咱们的公司只能租在珠海CBD最贵的写字楼里。"助理低头小声说："现在业绩都这样了，怎么可能租那么贵的地方？哪里有钱呢？"

我抱了抱沮丧的助理，告诉她："没关系，我们要对自己有信心，永远都要有希望。所有的困难都只是暂时的，一切都会好起来，相信我。"她抹着眼泪点头。其实我心里也有一点虚，但我是那个带着团队向前冲的人，如果我都退却了、低落了，团队还怎么可能有士气呢？

正因为业绩不行，所以才要租贵的地方，这就是我拯救公司的第一个思路。当时员工在月租3000元的仓库里待着，人心涣散，一天不如一天，又能指望创造什么呢？身在低谷不可怕，可怕的是给自己判死刑。当你觉得毫无希望时，这种悲观是会传染的。所以，我下决心搬进最贵的楼，虽然租金翻了很多倍，但我相信，这一举措，能让员工们产生自信。

△ 在仓库内给员工打气

果然，得知要搬进珠海CBD工作，所有人满眼放光，似乎看到了新希望。经过调整策略，同事们精神焕发，笑容满面，每天都动力满满，积极工作起来，业绩迅猛攀升。人在糟糕的环境中会消磨能量，在美好的环境中能聚集能量，我要做的就是为他们创造美好的环境。

2020年，我又遭受了打击。前任经理离职，给我丢下一个烂摊子，所有的员工都是一盘散沙。因为之前的管理制度有问题，考核过于严格，员工都被禁锢在自己的小地盘，不敢做跨部门的工作，没有了积极性，也不主动沟通，导致一些纰漏。

那天，我郑重地对人事部门说："企业有着自身的生长阶段，萌芽期、成熟期、变革期，如果再不变革，就会慢慢衰老死掉。所以，我们的公司需要变革。"我和管理层一起做出了很大的改变，先把绩效考核这些数据放一边，去激发员工的善意和主动性。因为管理制度是建立在员工的信心和斗志的基础上的，如果没有信心，这些规则形同虚设。

其实90后的员工，不只是为了工资而工作。他们更多的是想在工作中获得相应的成长以及成就。我外出学习课程，回公司给团队传授学习的知识。并且给不同部门的同事报了相应的实操课程，让他们在工作方面有所提升。激发团队学习的心，让他们在认知上得到提高。改革之前，公司离职率很高；改革之后，离职率直线下降。因为大家又能挣钱，又能学习，还能获得轻松愉悦的工作氛围，自然更愿意努力。

2021年的"618"大促，我们的业绩创造了历史新高，打了一个漂亮的胜仗，我给所有员工都发了奖金。这次的危机，反而变成了转机。

△ "618"大促后发奖金

我们需要一个核心定力，安不忘危，危不自弃。如此，恰逢成功不过度膨胀，遭遇失败也不悲观放弃。所有的低谷，都是向上的路；所有的高峰，都是向下的路。保持一颗踏实、平稳、开阔、平衡的心，不论高峰、低谷一样对待，如此人生才能越走越明朗。

一入商战，就该懂得，硝烟永不落幕。没有走到最后一刻，无所谓胜利与失败，所以永远不要给自己定性和评判。更何况，其实商战永无终点，也就说明永远有转成为败的风险，和转败为成的希望。而你，就是那个关键点。

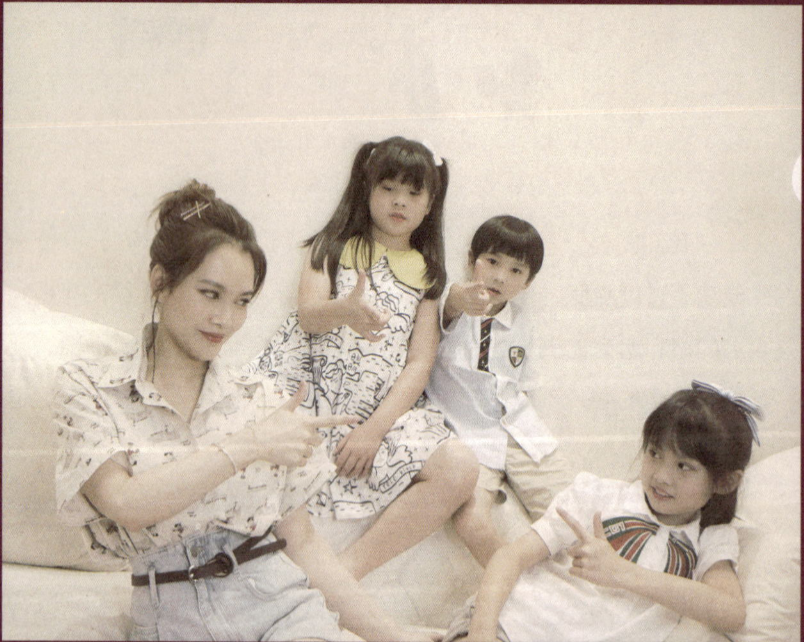

生活篇
打磨幸福

「所有完美的亲密关系,全赖创造。悉心经营,双向奔赴。」

婚姻：相信爱情，主动创造

现在热搜上各种渣男的故事层出不穷，很多女生看完，对爱情失望了。有些人就开始有了单身主义的想法，不再打算结婚。事实上，爱情是永远存在的。只不过，网友们都比较喜欢茶余饭后看别人的悲伤故事。而大多数幸福的人，都在默默地过日子。个例不代表全部，别人过得悲惨，不意味着你的生活也会破碎。我们一定要坚定不移地相信爱情的存在，才能对未来产生更美好的希冀。

那么，如何拥有一个幸福的婚姻生活呢？只要做好这三方面，婚姻便能幸福如初。

1. 保持清醒，选对的人

我们的前半生是由原生家庭决定的，这是无法更改的。但是后半生的幸福，其实是由伴侣决定的。选好另一半，无疑是改变命运的大事。所以，我们要足够重视起来。一个糟糕的伴侣，会让你的生活陷入泥潭；一个优秀的伴侣，会让你的生活幸福美满。换句话说，你选什么样的伴侣，大概率就有什么样的生活。

但很多人面对如此重要的事情，都是潦草决定。你问她们为什么结婚？她们会说，因为感觉不错，因为他对我好，因为动心了……诸多的原因，就是没有理性因素的存在。

如果你要谈恋爱，那就尽可能随心所欲谈。享受恋爱的美好时光，是每个年轻人的权利。但是如果要步入婚姻，那必须要有一个考核标准。

婚姻爱情课是女孩一生中最应该学习的知识，但遗憾的是，没有人教。女孩们从哪里学习爱情？从狗血电视剧里，从纯爱小说里，这些虚构的情节根本就不可能在现实中发生。"霸道总裁爱上我""王子拯救灰姑娘""多金帅哥爱上平平无奇女主角"，这里面的人设男人更高一级，女人更低一级。女人是被动的、等待的、可怜的，只有男主角才能拯救。在这些剧情里，女人处于一个糟糕的境地，张开口袋，等着男人装满金钱和幸福。这是正确的爱情观吗？

由此，很多女孩会认为，我们不需要努力，反正会有一个绝世完美好男人来拯救我的生活。事实上，结过婚的女人都明白，这是绝不可能发生的。但是，这些女孩们沉浸在完美恋爱的幻想中，根本不听任何人的劝解，等酿成悲剧之后，才发现自己错得如此离谱。如果真的有绝世完美好男人出现，一定要警惕他是不是伪装的，因为是人就有缺点。如果你长期没有发现对方的缺点，只能说明他伪装得太好了。稀里糊涂地走入婚姻，才发现生活残酷的真相。等到发现对方并不是你想要的人，那就晚了，这辈子都会受到影响。

相信爱情的前提，是爱自己。当你内心丰盈、安定、温暖，才能吸引到同频的爱。抱着悲观的想法去寻找爱，遇见糟糕情况的几率更高。

很多年轻女孩本着颜值第一的态度选择伴侣，非常危险。有些人金玉其外、败絮其中，我们一定要剖开来看一看，不要被他们的外表所迷惑。谈恋爱不要活在幻境中，不要被甜言蜜语迷晕了，想象和现实是两码事。不要听男人说了什么，只看男人做了什么。言论不一定代表心意，但行动一定是发自内心的。

女人既要有憧憬爱的感性，也当保持辨别爱的理性。这世界不存在完美的爱人，但存在完美的爱情。完美的爱，只有一个标准，那就是尊重和欣赏，而不是控制和占有。

一个女人必须具备清醒的判断力，看清是非的辨别力：什么是好，什么是坏。不要被荷尔蒙冲昏了头脑，要保持理性。

一个优秀的男人，有诸多良好的品质：尊重女性、独立思考、有责任心、有担当、有主见、踏实、顾家、上进、勤奋、坚韧、自律、善良、孝顺、温和等。

一个不适合结婚的男人，通常有以下缺点：大男子主义、崇尚暴力、喜欢控制、拈花惹草、嗜酒如命、搬弄是非、爱冷战、吹牛皮、无主见、自大、懒惰等。

在你想要结婚时，找一张纸，写下对方的优缺点。将优点写一排，缺点写一排。然后再去找身边认识他的人，问一下优缺点。如果优点足够闪耀，而你也可以忍受那些缺点，就可以进入婚姻。当然一个人不会拥有所有的优点，如果非要选择一个底线，那就是这三点：人品好、负责任、有进取心。只要满足这三点，就基本不会差很多。人品好的男人，无论以后你们的关系到达何种地步，他都不会伤害你。确保人身安全，才是婚姻的底线；负责任的男人，在做出任何选择之前，都会以家庭为第一位；有进取心的男人，有着强大的工作能力，会给一个家庭带来相对良好的经济条件。

我一直觉得，男人的帅气不体现在颜值上，而体现在他的思想上。有终身学习思维，这样的男人才是最帅气的。

女孩们千万别圣母心，别想着拯救在谷底的男人，别想要改变他的性格。即使改变自己，也是很难的，更别提改变另一个人的性格。当然，如果真的能够让他变好，是很棒的；但是我身边大多数的改造案例，都以失败告终。不仅如此，还把自己的幸福给搭进去了。

2. 创造共同生活愿景

在打算进入婚姻时，就应该放弃那些灰姑娘的幻想戏码。婚姻并不是一方拯救另一方。而是两个人在一起，为了建立一个幸福的家庭而共同努力。

两个人必须敞开心扉谈一谈，你们想要建立怎样的家庭？你们想要过上什么样的生活？把这些愿景和规划统一一下，这就是你们奋斗的目标和追求。你们要有一个共同的理想生活愿景，并且愿意为了这个梦想，彼此扶持携手努力。悲观滋生悲观，乐观加持乐观，两个具有能量的人，就像两个小火炉，燃烧着、璀璨着、跳跃着，点亮幸福的热情。生活中的鸡毛蒜皮，因为乐观，而成为更有浪漫意义的象征。

很多人过着过着就散了，是因为发现彼此的追求不一样。如果在结婚前就能求同存异，缔造愿景，就不会在以后的生活中出现大的分歧。它就如同灯塔一样，保证你们生活不会偏离航道。

在婚姻中，女人和男人的地位是平等的。这种平等在于，男人有工作的权利，女人自然也有；女人有育儿的义务，男人也应该有。两个人平等地共同承担家务和育儿，这样才能让家庭更和谐。如果一直都是一方在帮扶另一方，负重前行，这个婚姻也不能持续很久。

3. 制造仪式感

总有女人会这样抱怨，你不爱我了。其实这样的感觉，不一定是真实的。在谈恋爱时，两个人隔着距离，俗话说，距离产生美。就是因为不太了解，所以才产生了朦胧美。等完全了解之后，彼此会疲倦是正常的。如何打破倦怠期，是很重要的问题。很多人没有熬过七年之痒，不是因为不爱了，而是缺少了仪式感，所以疲惫了。

你在婚姻中，注重仪式感吗？

什么是仪式感？就是你们两个人在平凡的生活中，在按部就班的日子里，营造一些爱的小亮点，用心做一些不同寻常的事。人人都知道鸡毛蒜皮最磨人，能把人给磨干了。日复一日地生活，两个人就像时针和分针一般，滴答滴答，毫无变动，上班、下班、做饭、吃饭、洗衣、扫地、育儿、睡觉。这样的生活节奏重复几年，没有人不产生疲乏。

那怎么制造仪式感呢？比如，早安吻、晚安吻，每周末陪爱人外出走走，哪怕只是去郊区吃个野餐，换换心情，也是很好的选择。在各个节日时，一定要记得提前准备惊喜和礼物。哪怕礼物不贵重，但是对方知道你还记挂着他，这份心意就很难得。也可以每年一起去旅行，或者培养一个共同的兴趣爱好。

△ 小小仪式感，让每一天更值得期待

还有很重要的一点，就是每天要表达爱意。大家都会觉得唠叨烦人，但从没有人说爱多太烦。不要因为老夫老妻，就羞于说爱。如果你把情感全部埋藏在心里，对方不一定知晓，你要讲出来，他才会更懂得。哪怕对方为你做了小小的事情，也要及时真心实意地表达感谢和爱。这些动人的话，就是寻常日子里跳跃的音符，会让我们生活的旋律更动听。

哪怕一见钟情，哪怕爱得死去活来，那我们也要去精心维护。爱是一颗种子，需要给它浇水才能发芽长大。如果置之不理，不予呵护，再强大的种子都会死掉。

年轻的女孩们，在进入婚姻之前，请多谈恋爱，请谨慎结婚。不要以为非要和初恋在一起才是浪漫，和不对的人在一起就是浪费人生。你的人生很珍贵，请和珍惜你的人在一起。同时，也要坚定地相信爱，理性地选择共度一生的人，勇敢地去创造爱。

人母：全盛时期，回归家庭

2010年，我将公司做到了行业前十，这在当时已经算非常好的成绩。就在我想着全力向前冲刺时，发现一个小生命悄然降临在我的肚子里。我是那种大大咧咧、风风火火的人，后知后觉自己怀孕后，并没有大惊小怪，也没有做好回家待产的准备。心里乐呵呵地想，不就大着个肚子嘛，也不会影响工作，上班怀孕两不误，生下来就好咯。

但是，我低估了生命的力量。随着肚子越来越鼓，整个身体都是蔫蔫的，每天24个小时里，有20多个小时都处于一种困胀倦乏的状态。开会想睡觉，选品想睡觉，看资料想睡觉，无时无刻不想睡觉。孕激素的力量太强大了，没想到，自己竟然是个怀孕就打瞌睡的体质。

当时就给自己敲响了警钟，这样下去没有精力工作，肯定不行，势必会影响公司发展。

当我在怀孕和公司之间做抉择时，我想，公司事务可以交给别人；但孕育生命这件事，无法假手于人，只有我自己才能承担。我慎重地想了一下，打拼了很多年，我做过很多事情，唯独当妈妈是第一次。所以我决定在家好好养胎，把公司交给我的老公。如此，公司能够继续前进，我才能安心养娃。

　　这个决定，成了我人生重要的分水岭。

　　以前睁眼去上班，从没有周末，更没有年假。现在却突然空出了一眼望不见头的漫长假期，巨大的空虚感将我团团围住。从24小时考虑如何发展公司业务的状态，转变为思考一日三餐吃什么的琐碎小事。我经历了一段低落的真空期，非常不适应，甚至觉得这样不奋斗的生命，是没有价值的。思考每天除了睡觉做什么才有意义，成了我那一段时间的心魔。

　　我突然才明白，原来工作了那么多年，我竟然没有自己的生活。我开始学会掌握自己的生活，品味生活里的点点滴滴和习以为常。在家做一顿营养健康的饭菜，去楼下买一束漂亮的鲜花，学习胎教、早教知识课程，给宝宝讲故事，看育儿书，找闺蜜喝下午茶聊天，轻松的生活也可以如此愉悦。

　　在我临近生产的时候，我妈主动给我打电话，让我回老家肇庆。我很开心，毕竟自己第一次生产，没有经验，有妈妈在身边照顾，总归还是很好的。

　　在预产期来临时，我提前去医院住下，带了很多生活用品。那天，我正美滋滋地敷面膜，肚子突然开始疼了。宫缩越来越强烈，好像要裂开，一阵一阵的疼痛频繁袭击我的身体，持续20个小时的疼痛后，我全身汗湿，躺在床上。我忍着剧痛对妈妈说："妈，我想剖腹产。"我妈坚定地回绝了："你都痛了20个小时了，现在剖腹产，一点不划算，再忍忍吧，马上要生了。"

经过几次检查之后,终于到了进产房的时刻,医生看了一下我,问:"脸上的面膜,还摘不摘?"我才突然意识到,原来疼得竟然忘记了摘面膜。医生笑了:"进产房贴面膜,你还是我见过的第一个人。"我躺在产房里,内心忐忑地等待检查,医生说了一句让我心惊的话:"胎位不正,偏了一点,不太好生。"

折腾了很久,依然没有生出来。助产士狠心说:"我限你两分钟生出来,不然我就要用钳子了。"听到这话,我浑身一激灵,集中了信念去使劲,然后突然就听到了非常响亮的哭声。

助产士惊奇地说:"你厉害,这种胎位都能生出来。"

我在极度疲倦中睁开眼睛,看见护士抱着一个小小的婴儿,她说:"恭喜哇,是个女儿。"看着这个第一次踏入世界的婴儿,不太敢相信,我竟然孕育了一个全新的生命。

我侧躺在床上,望着旁边的女儿,小小的、皱皱的、暖暖的、软软的,散发着淡淡的奶香味。她清澈的眼睛看着我,忽闪忽闪,像一只好奇的小蝴蝶。巨大的幸福感向我袭来,我在心里一遍遍重复这个想法:这是我的女儿,我是她的妈妈。我想给她这个世界上最多最多的爱,好好照顾她,不让她受一丁点苦。我要让她觉得,这一趟人间值得。

彼时,我还没有悟出更为宏观的生命的意义,可是看着她,我就知道了母亲对儿女的爱,是这种天然的、纯粹的,只想要一心一意对她好。

出院之后,我住在我妈家,准备过个悠闲的月子。怕我妈破费，还特意向她每个月交7000元生活费。怕她辛苦，也另外请了一个月嫂。想着有人帮忙照顾我和宝宝，我妈会更轻松。

在我产后第三天，我听到厨房传来吵闹声。我妈高声责备月嫂："你怎么这么浪费呢？炖汤哪里需要四个？她一个人吃不完，一个猪蹄就够了。"月嫂说："这是给你女儿吃的，又不是给我自己吃的，怎么能说浪费呢？多放几个，煲汤更好喝呀！"为了炖汤要放一个还是四个猪蹄的问题，我妈和月嫂吵得不可开交。月嫂坚持用四个，更好喝；我妈坚持用一个，更节约。

我在外面听了这段对话，深深地叹气，我以为我妈会改变，我以为她会爱我。最后，我妈径直走到我面前，撂下狠话说："月嫂在，你就走！月嫂走，我才照顾你！"可是，我根本想象不到我妈一个人怎么照顾我。女儿被我妈凶狠的语气吓哭了，紧紧缩在我怀里，我低头看着女儿，眼泪也啪嗒啪嗒地落在她的衣服上。月嫂看我在哭，也气急了，对我说："你跟我一起回珠海，我哪怕不睡觉，也要帮你带娃，这么多年，我就从没见过像这样的妈妈。"

于是，在我生娃第三天，和月嫂一起回到了珠海，离开了我妈家。

我很尊重我的妈妈，但是我从她身上，看不到一丝母爱。以前我邀请她来珠海看我，她还要求我出油费。我也心寒，只能说那你不必来了。平时逢年过节，我都会给她红包。但她总觉得不够，我也不知道，多少才是够。她总是固执，又很计较，哪怕自己错了，也要强迫全世界的人都听她的话。

当我第二胎仍然是女儿时,我妈特意给我打电话,没有一句关心的话,只是冷冷地说:"怎么又是女儿,我对你太失望了。"但我知道,一个女儿就是一颗珍珠,我的两个女儿就是两颗珍珠。一颗完美的珍珠容易得到,但是一双完美的珍珠万里挑一。她们都是我最爱的掌上明珠。

我在怀第三胎的时候,我妈又打来电话,严厉地说:"这次一定要生儿子,否则就别再见我了。"我平静地对她说:"妈,人和人之间的缘分强求不得,不管是儿子还是女儿,只要是我的孩子,我都很爱他,这无关性别,因为我是他们的妈妈……"电话那头,沉默了,随即便挂掉了。

是的,我从来没有在心中预设过女儿和儿子,因为我从小生长在重男轻女的家庭,我看够了妈妈想生儿子的急切心理,我也受够了被人轻视的感觉。所以,我的女儿,在我的家里必须是最被珍视的,她值得拥有我所有的爱和呵护。

五年之间,我生了三个孩子。有人说,为什么要生这么多。因为我真的很爱他们,他们也爱我。当我看到三个孩子蹦蹦跳跳地嬉闹着,争着抢着往我怀里钻,我就觉得,在这世界上,多一个我爱也爱我的人,是多么幸福又难得的事。世间万物,都可以买,唯独爱,无法用金钱物质衡量。

那段时间,我远离了公司和工作,虽然心有不甘,但是值得。生命中所有的错过都不可惜,可是我不能错过孩子的成长。他们奶声奶气地喊出第一声妈妈,摇摇晃晃地站在地上迈出第一步，歪歪扭扭地写下第一个汉字，每一个场景都在我心中保留。他们一点一滴地成长，我看到了生命的延续与传承。人世间，最真切的情意，我是生了宝宝才懂得。

他们会毫不吝啬地表达自己的爱意，用肉乎乎的胳膊环住我的脖子，将毛茸茸的脑袋枕在我肩头，亲昵地说："妈妈，我爱你。妈妈，抱抱。"每每这时，我的心里便涌动出一份温暖。曾经的我，心里有个洞，成为母亲后，每天被宝贝们治愈着。小时候缺失的爱，竟然在孩子身上得到了，所以你看，这个世界多么公平。

夜晚，他们睡在我旁边，此起彼伏的呼吸声，就像天使一般轻柔。深沉的夜里，月光照耀着我三个可爱的宝贝，我就会由衷地感谢命运，让我成为他们的母亲。

虽然表面上我是孩子们的避风港，但其实孩子们是我前进的动力和坚强的后盾。无论遇到什么事情，回家看见孩子的笑脸，我便觉得这世界很值得。做母亲，肩负着非常大的责任，我们是孩子的领路人。虽然成了全职妈妈，待在家里，远离了工作，但是我并没有放弃学习。都说父母上岗不用证，可是为了更好地教育他们，我也花费了很多精力。为了更好地陪伴他们，我学习了各种育儿知识。

回想起来，成为母亲，也是我这一生最幸运的事。它让我懂得了爱，懂得了感恩，懂得了生命缘起，更真正感悟到了人生的珍贵。

教育：快乐第一，成绩为次

成为母亲后，很多人问过我这类的问题：你准备怎么培养孩子？你希望他们成为怎样的人？你想让他们以后从事什么行业？我的回答是，我的孩子是独一无二的，他们不用成为任何人，只要成为自己就好。他们不属于我，他们会有自己的人生。我从不会要求他们考试考满分，或者必须考到好名次，也不会给他们报很多课外辅导班。在人人"鸡娃"的年代，我反而是心态放松的妈妈。

但我大女儿很有志向，她说："妈妈，我以后要去清华、北大、哈佛。"

我听完直接说："别去哈佛。"

她好奇问："为什么呀？"

我说："哈佛太远了，妈妈年纪大，坐那么远的飞机，还要出国，搞不定。上大学，还是要去近的地方。万一你在学校烦闷了，打个电话，我就能立刻陪你去逛街。"

她又问："那清华、北大好不好？"

我说："清华、北大不是不好，而是妈妈没有考上的，自然不会强求你们做到。"

不把自己的梦想转嫁到孩子身上，是我的原则。因为我看过太多"鸡娃"的父母，他们都是遗憾自己没有考上好的大学，没有找到好的工作，所以才想让自己的孩子成为最优秀的，以此弥补自己年轻时的遗憾。但孩子凭什么要为你的遗憾买单呢？为什么他们就不能去完成自己的梦想呢？就因为你生了他们，所以有权力掌控他们的人生吗？这样的思想，毒害了很多孩子。

当然，更有很多家长，都是说我为你好，你要听我的，爸爸妈妈是不会害你的。但，我们的目光是建立在当下社会的，是狭隘的，根本不知道二十年后的世界是什么样子，所以何必用自己局限的眼界，去框住本有无限可能的孩子呢？在此，我想给你分享几个我的育儿观念。

1. 保护孩子的灵性

刚降临在这个世界上的孩子，都是充满灵性的，他们带着鲜活的生命力和蓬勃的创造力。他们天生热情而快乐，奔放而自由。她们能发现大人所发现不了的细微事情，有时也会为一只小蚂蚁、一片树叶而发自内心地哈哈大笑。但是，随着长大，他们的价值观被成人社会影响，快乐便会慢慢消失。快乐是一种稀缺的能力。人越来越有钱，可是有钱的人会快乐吗？如果永远守着一堆膨胀的物质，不会真正地开心。匮乏空洞的内心，毫无快乐可言。

我们要努力保护孩子快乐的天性。在孩子发现一个石子而大笑时，不要武断地对孩子说，这有什么好玩的。你的每一次奚落和责备，都是一把利剑，容易刺伤孩子的心。我们要发自内心地同孩子一起去欣赏这块石子的美好。

我见过太多富裕的人，却因为各种原因而过得非常痛苦。金钱只能保障我们的基本生活需求，并不会给人们的精神层面带来更多的满足。拥有快乐能力的孩子，才能更加深切地热爱这个世界。

一个孩子3岁之前的生命是非常重要的，人生基本价值观会在这个阶段启蒙。在这段关键时间里，我只要引领他们走向正确的道路，以后就基本可以放心。在他们3岁之前，我学习了大量的育儿知识，并且坚持带孩子们上早教，并不是为了学习什么具体的知识，而是让他们融入团队学会协作，培养良好的生活习惯和行为方式。

保护孩子的灵性和想象力，让他们按照自己的本心自由生长。他们是自由的灵魂，是独特的种子，我只是一个园丁，无法改变他们的天生使命和属性。我能做的，无非是尽量让他们多晒自由的阳光，给他们丰沛的水露，为他们引领一个正确的方向。除此之外，只能靠他们自己向上的力量去成长。

2. 见识更广的世界

孩子们在家里吵吵闹闹，蹦上蹦下，毫无停止的迹象。于是很多父母为了制止孩子，就随便把电视打开。孩子们窝在沙发里，一动不动就能看好几个小时的动画片，大人的世界瞬间清静了。

这种做法对吗？经常看电视剧中那些具有强烈刺激的剧情，会让孩子觉得现实过于平淡。从小沉迷于电视的孩子，长大后的专注力必然会受到影响。因为看视频是一种被动接受，不能激发孩子的思考力。更何况，现如今这些粗制滥造的剧情片，根本就无法给孩子形成正确的价值观，还可能会让他们误入歧途。

每一个游乐园，到了周末，全是家长和孩子，乌泱泱的人群，人声鼎沸，孩子们沉浸在机械化的娱乐里。这并不是最好的陪伴，或许我们还有其他更好的方式。

我很喜欢和孩子们玩，吵闹的声音在我看来，就是一种温馨的烟火气。哪有孩子不闹的，全世界的孩子都是这样。如果你不给孩子表达的空间，他们就会越长大越沉默，直到最后一句话也不和你讲。

我会带孩子去旅行，去户外看真正原始的大自然，去探索这个广阔的世界。让孩子们认识到世界本来的模样，对他们的心灵有着非同寻常的启迪。我曾经带孩子们去过很多个国家旅行，感受不同地区的风土人情，让他们知道，这世界其实很大，而不仅仅是一张薄薄的、小小的地图。

除了现实世界，还应该让孩子感受内心的精神世界。他们都对音乐很感兴趣，于是我送孩子们去学钢琴。当他们不想练琴时，我就说："你们知道，为什么想让你们学会钢琴吗？因为有一天，如果妈妈不在这个地球上了，你们遇到不开心的事情，可以弹钢琴疏解情绪。"

我不是为了让他们去考级才去学钢琴的,而是让他们在艺术的世界里,获得一些慰藉和感知。等他们长大后,双手放在黑白琴键上,当音乐声响起,他们的脑海里,便会出现我们在一起的欢乐时光。这种潜移默化对生命的触动,才是无形的价值。金钱并不是我们留给孩子的唯一财富,还有带他们见过的世界。

3. 让他成为他自己

孩子只是借由我们的身体来到这个世界上,他们始终有一天会脱离我们的范围,构建属于自己的生活。他们是独立的,他们不需要承载我们的梦想,去过我们喜欢的生活。但是很多父母都意识不到这一点,以为自己抚养了孩子,孩子就必须听他们的话。

养育孩子也是一个养育自己的过程,在这个过程中,我看到了自己的缺陷和不完美。孩子是父母的复印机,他们会复制我们的优点和缺点。而我们不自知的一些东西,也被他们复制下来。

现在,我家老大10岁,老二9岁,老三6岁。即使他们没有考好,我也不会责骂。二女儿的成绩弱一点,我便问她:"姐姐和弟弟经常得奖,那你会不会觉得自己不如他们?"她诚恳地笑着回答:"我就是不如他们啊!"

二女儿有点微胖,但她很开朗,觉得这点不完美也是优势,她说:"我脂肪多,冬天不怕冷。"她对食物有着非常大的热情，看见美食就很开心。她经常在开饭前，特别有仪式感地说："干饭人，干饭魂，干饭都是人上人！"她很乐观，遇见不开心的事，也会主动开解自己："妈妈，世界上没有什么是一碗饭解决不了的，如果有，那就是两碗。"看着女儿的笑脸，我就知道，我需要的只是，尽力保护她的快乐，除此之外，都不重要。我很欣赏她对美食的爱，因为只有对一件事情有了爱，才能更好地爱上这个世界。很多人万念俱灰，是因为他对这个世界没了欲望，没了念想，所以才会失去信念。

我的女儿曾说："你是理想中的妈妈，很多人梦寐以求想做你的孩子。"她的同学都很羡慕她，即使我并不会烹饪、陪写作业、照顾起居。但我理解他们，因为我也曾是孩子，我知道他们的难处和想法。

有一次，我的女儿在家写作业，一直写到了12点还没有写完，她哭着说："妈妈，我的作业还没有写完。"我说："那就别写了。"她听完哭得更凶了："你怎么可以这样，你应该鼓励我把它写完。"我说："如果真的因为作业太多而写不完，我们就要学会接受现实，只要想好和老师怎么说就可以。因为这是你的事情，不是我的事情。"不管他们选择哪条路，其实都有难处，需要承担相应的责任，更需付出对等的努力。

对于孩子们的学习，我一贯的观点是，不去揠苗助长，不去施加压力，不去填鸭式教育。我能接受成绩不好，因为分数不代表一切。那些每天逼着孩子半夜写作业、超前补课的家长，把分数看得比天大。他们将所有精力聚集在成绩上,却忽略了其他方面的成长。但我觉得,未来社会,比的不一定是成绩,更是团队协作的能力。人都是群体生物,如果不懂得协作,个人是无法走长远的。首先,人品要正;其次,学会团队合作。

放假的时候,孩子们就想要来公司看看。我不会拒绝这个要求,让他们去仓库包包裹,体验一下真正的生活。他们也喜欢看我工作,有时候也会旁听会议。偶尔我在直播,他们就在一边安静地看着,也会懂得原来妈妈这么辛苦。

如果我工作完回家,他们还没有睡觉,三个孩子便会依偎在我身边,主动为我按摩肩膀,让我放松。在每个母亲节,他们都精心准备礼物给我,有时候是手绘了好几天的卡片,有时候是攒了很久的红包。只要我在家,他们就很安静,因为体谅我工作辛苦。他们从来不会惹我生气,偶尔老二和老三吵架时,老大会说:"你们不要再吵了,再吵妈妈会变老的。"听完这话,他们就会主动和好。

我会陪着他们一起学习,告诉他们学习的路上不孤独,还有妈妈陪。当我有烦心事时,也会主动和孩子们讲一讲。这就是交流,平等地将他们看成一个独立的人。

体验才是最好的教育方式,去学校不只是学知识、考试,更是学习团队生活。独生子女和有兄弟姐妹的孩子,生活不一样。我的三个孩子很喜欢分享,所有的东西都会分成三份。懂得分享,舍得分享,这样的人气度很大。

我能够为他们毫无保留地付出爱，我不需要回报，也不需要感谢。因为这个付出的过程，就是我收获的过程，我觉得付出本身就是最大的幸福。

　　有的父母说，如果你考不上好学校，我就不爱你了；如果你不听话，我就不爱你了。说到底，你爱的是那个优秀的、乖巧的人，是幻想中不可能存在的人，根本就不是自己真实的孩子。

　　孩子不是宠物，不是玩偶，更不是谁的配饰。他们不需要完美，更不需要成为谁尊贵的脸面和荣耀。真正的爱，本身就是不求回报的。一旦夹杂了功利的想法，那你还能确定不是因为其他原因而逼迫自己进行这场伟大的爱的表演吗？爱一个人，就是要爱他的本身。无论是否有瑕疵，无论是否顺从你，那就是他们本来的样子。而每个孩子，都有资格得到父母丰盛纯粹的爱。遗憾的是，大部分人都得不到，所以才让本来简单的爱如此稀缺。

开阔：亲子旅行，见天见地

不管有多忙，我每年都保留着一项传统活动，那就是和孩子们一起去旅行。旅行的意义究竟是什么呢，这也是我和孩子们一直在探索的。

人生的命题是很宏大的，有时候光靠说，孩子们根本就不会听。最好的教育不是枯燥理论，干巴巴地讲道理，孩子记不住，也不爱听，左耳朵进右耳朵出是常事。亲子旅行，既是高质量陪伴孩子的愉悦时光，也是一次难得的践行机会。每一次旅行，都是在一点一点地积攒孩子探索世界的能力。

1. 锻炼团结合作能力

如果一个孩子从小就被惯着、宠着，说一不二，享受所有的福利，他会以为自己就是整个世界的中心，所有人都要听他的。长大之后，非常容易形成偏执和以自我为中心的性格，那又如何融入集体，如何与同事展开合作呢？所以在日常生活中，我非常注重培养孩子的这些能力。旅行，就是践行团结合作的重要环节。

在我宣布要开始旅行时，孩子们雀跃着跳了起来。我笑着说："今年的旅行非常不一样，目的地呢，由你们自己决定。"他们争先恐后地说出了三个不同的地名。我说："你们先商量好，统一目的地，咱们再出发。"然后就离开了。

过了一会儿，他们三个兴高采烈地走到我面前，说出了同一个地方，那就是云南。我能猜到，他们经历了分歧、说服和达成一致的过程。

这次旅行，一开始就是由他们主导的，所以孩子们分外期待，心里有很多渴望。我们从珠海出发，飞到了孩子们最想去的彩云之南。孩子们叽叽喳喳地讨论着，"云南真的有彩色云朵吗？"

到了云南，我把旅游手册拿给孩子们看，让他们决定接下来的旅行路线、想玩的地方、想吃的东西。以前，我是引领者；而现在，这次旅行是一个小型项目，他们是规划者。我坐在角落，像一个隐形人，看着他们热情洋溢地讨论着，心里很欣慰。孩子们像一个团队，有组织、有纪律。每个人都有丰沛的表达欲，意见不同时，各自陈述自己的想法和理由，先协调，再投票。

如何妥善表达自己的观点，如何团结他人，如何争取他人的支持，只有亲身经历才能深刻懂得。我特意没有参与进去，就是想让他们自己解决。他们会明白，这世界上每个人都有自己的想法。这是一个人与人紧密联结的时代，光靠单打独斗很难赢。团结合作的能力，在未来一定是非常重要的。

2. 亲近美学，爱护自然

很多孩子生活在城市里，长期被钢筋水泥包围。美育这方面，全靠老师去讲解名家名画。但与其让孩子们枯坐看美图，还不如放飞他们，在广阔的大自然中，在泥土与旷野里，来一场无与伦比的美的熏陶。

那些流动的线条，那些芬芳的气味，那些晕染的色泽，那些天然的圆润，纵然再伟大的画家，也无法淋漓尽致地展现。每一片叶子、每一朵花都浑然天成，这不是人类能够复刻的。自然的美，是舒展的，流淌的，无拘无束的；而人工的美，是刻意的，精心雕琢的。

我和孩子们奔跑在香格里拉的旷野，沉浸于大自然的美中：碧透的蓝天，洁白的云朵，绿色的原野，漫山的格桑花，彩色经幡飘动，肃穆的松赞林寺。雾气缭绕着高耸入云的雪山，成群的牛羊稀稀落落地散布在野地，悠然自得地喝着水。孩子们摘朵野花，去溪边戏水，也会追逐打闹着，还会发自内心地喊着："好美啊，为什么城里没有呢？"他们看着雪山，也有疑问："妈妈，为什么夏天还有雪呢？"这时候，我就趁机讲讲地理环境不同所造成的气候差异。

大女儿突然说："妈妈，你看地上有塑料袋。"她很疑惑，为什么会有人在这么美的地方扔垃圾呢。她默默地低头将垃圾捡起来，我和其他孩子一起帮她。我们还聊了保护环境的重要性。环境是人类生存的根本，没有环境，一切将不存在。我们无法改

△ 孩子们在香格里拉草原

▷ 和孩子们在新加坡

变他人，能改变的只有自己。

　　住在古城里，仿佛每一片青瓦都在诉说千年的历史。孩子们听说有日照金山的景观，都非常期待。但是因为天气原因没有看见，垂头丧气不太开心。我告诉他们，人生就是这样，并非十全十美，有时候会有遗憾，但遗憾也是一种美，这就是我们

△孩子们在云南学习刺绣

下次再来的理由。让他们嗅嗅野花与泥土,让他们触摸高山与水流,让他们亲近牛羊与原野。认识自然的美,保护自然的美,也是教育里很重要的一环。

3. 放大视野,开阔胸襟

旅行可以是一面镜子,让我们看到自己;也可以是一扇门,打开人生更多的可能性。我记得山本耀司说过:"'自己'这个东西是看不见的,撞上一些别的什么,反弹回来,才会了解'自己'"。人是很难认知自我的,在与他人的对撞中,才能更清晰地看到自己。

其实,没有找到自我的人,不算成年,只是生理年龄在增长而已,心理并没有成熟。寻找自我这个功课要从很小就开始。

父母不应该为孩子做所有决定，等他18岁成人那一刻，把他推出门外，对他说：走吧，去寻找你的自我吧。可未经走路就叫他奔跑，他又能找到什么呢？每一个迷茫的成年人背后，都有一个曾经阻拦过他寻找自我的父母。

旅行，就是将外部世界投射到内心，是寻找自我的开始。

真实的世界不是书本里的，不是电视里的，而是孩子们踏踏实实融入这个世界所感受到的。自然的伟大神奇，生命的渺小短暂，是对比出来的。要靠近自然，体悟大地的厚实和坚定。当他们在生活中遇见麻烦，便能从自然中提取稳定的力量。

站在大好河山前，眼看旷野美景，孩子们才能深刻感受到祖国的辽阔与壮观，才知道世界并不仅仅是脚下的一方之地。旅行无疑能开阔他们的视野，增加他们的见闻。让他们在看风景的同时，也能感受到当地的人文。孩子们欣赏了少数民族的不同文化，看到了更多类型的生活方式，而不仅仅是在城市里行色匆匆的上班族。

去西藏时，看见路过的当地居民，他们会虔诚地祝福我们："扎西德勒（吉祥如意）！"我们也会报以微笑："扎西德勒！"在城市里，我们无法想象，陌生人之间也能如此自然地彼此祝福；而在这里，人与人，人与自然，一切都是那么和谐。

这世界上的机会很多，有人看不见，有人能看见，根本原因是思维差异。思维越广，人生边界线越广；思维越窄，人生的路就越窄。都说要自我探求，但你喜欢什么，你又想成为谁。如果你从来只吃过苹果，未曾尝过其他水果，你怎知自己喜欢什么？

把世间所有水果尝遍，才能知道，你爱的究竟是哪个味道。

　　无论有多少金钱、多少物质、多少朋友，父母的陪伴对于孩子来说，始终是最重要的。等他们长大之后，回忆童年，最深刻的记忆不会是吃了什么高级食物，穿了什么昂贵衣服，而是我的爸爸妈妈陪我做过什么事情，去过哪些地方。缺少爱与陪伴的孩子，无论他以后如何成长，内心深处都有一个缺口，无法弥补。

　　一个地方本来只是一个名词，当我和孩子们一起来过，那我们对它就拥有了特殊的记忆。留下的不仅是美景，更是我们在一起的幸福场景。我的愿望是，带着孩子们走过世界各地。等他们长大后，看到世界地图上每一个地点，都能记起来，我和妈妈在那个国家的故事。当这世界上每个地方都和自己息息相关，便拥有了世界性的开阔思维。思维越广，格局越大，人生之路便会越敞亮。我们在世界留下脚印，世界在我们心中荡开涟漪。孩子是宇宙赐予我的礼物，而我给孩子的礼物，就是带他们奔赴山川河海，走遍世界各地。

张弛：育儿秘诀，当作朋友

你会一天24小时看着朋友吗？你会控制自己的朋友吗？你会将自己的欲望强加于朋友吗？如果有人对你做以上的事情，你可能早就和他绝交了。但为什么很多人要对自己的孩子做这样的事情？他们将孩子圈禁在手心，不允许他们做任何违背之举。这些孩子长期处于密室之内，能不感到窒息恐惧吗？

很多人并不觉得自己的教育方式有问题，还引以为豪，比如常用的棍棒式教育、打击式教育、挫折式教育。棍棒式教育虽然是比较传统的方式，但至今仍有一大批狂热的追随者。很多人将"棍棒底下出孝子"这句话当成至理名言。暴力，成为很多孩子的噩梦。你对孩子做过的事情，都会在他身上留下烙印。一个承受过暴力的人，很有可能成为暴力的继承者。我看过一句话：你打骂孩子，孩子不会停止爱你，他只会停止爱自己。打骂孩子，只能证明你的懦弱和无能，只能用这种暴力来发泄自己的愤怒。

不少人也都在进行打击式教育，他们的口头禅是："你太笨了，你看看别人家的小孩，怎么就那么优秀呢？""你为什么做啥事都不行？你一辈子就是这个样，你永远改不了！""你再不好好学习，长大就一定会成为一个没用的人！"孩子长期处于这样一个负面评价的环境里，会产生自卑心理，从而更胆怯，认为自己一无是处，这种消极的自我暗示会伴随他的一生。

最近比较流行的就是挫折式教育，家长认为现在的孩子过得太好，没有吃过苦，为了培养抗挫能力，会特意制造很多困难。但这个逻辑有点问题。当孩子遇见问题时，这些父母大包大揽全部替他们解决；然后再去刻意制造障碍，让孩子栽跟头。这种做法是非常错误的，即使现如今生活条件优渥，但孩子在成长过程中依然会面临很多困难。我们应该引导他们坦然面对，想办法跨越障碍，并勇敢承担自己选择的后果。

以上三种方式，根本就无法培养出正常心理的孩子。他们长大后，这种偏激的家庭教育会成为心中的"恶魔"，不时出来扰乱生活。

我的育儿秘诀其实只有一个，像对待朋友一样对待孩子。你怎么对待你的好朋友，就怎么对待你的孩子。

1. 尊重孩子的需求和意见

如果你一直无视孩子的需求，他就会以为自己不重要，把所有的想法都憋在心里。久而久之，他就不会再和你进行沟通，因为他认为沟通并没有什么效果。很多家长说，为什么青春期的孩子突然开始叛逆，不想和我说一句话，怎么做都没有用。那是因为，在此之前的很多年，你都没有好好听他讲过话。冰冻三尺，非一日之寒，反思一下，之前自己是怎么对孩子的。

很多人摆出一副家长的架势，"你必须要听我的"，这让孩子生活在恐惧和威严之下。孩子容易成为唯唯诺诺，没有主见，成为顺从大流的人。虽然孩子是我们养育的，但他们自身有独特性，所以常常会有不同的想法。他们只是我的孩子，他们不是我。我的孩子有自己的生命，自己的人生，自己的想法。有时候，他们因为不好意思或其他原因，没有表达出来。所以，我经常问孩子，你的想法是什么呢？这个小小的提问，能让他养成表达和思考的好习惯。

如果我们的意见不一致，我会换位思考他的需求，之后再理性地讨论利弊，分析后果，让他有一个自己承担后果的心理。在不违背大的原则下，一般我都会同意他们的意见。不要以为孩子的事，都是芝麻小事，只有大人的事情才最重要。对于孩子来说，每一件微小的事情，都是一片雪花，雪花积压多了，也会雪崩。

爱，不仅仅是衣食住行的供给，更是尊重。尊重他，他更能感受到深厚的爱。这样培养出的孩子，会有高价值感，容易创造幸福的生活。当你用家长的权利去压迫孩子，用你的权威去震慑他，他很可能成为日后被排挤、被压迫，还要打碎牙齿往肚子里咽的人。

2. 让孩子自己抉择

把孩子当成朋友，当成独立的个体，不要大包大揽，不要擅自做决定。尊重他的意愿，我们可以心平气和地沟通和交流。

我的大女儿上的是学校的国际班，她是班长，成绩也名列前茅，是很受大家欢迎的女孩。但是有一天，她对我说："妈妈，我想调到普通班，可以吗？"我问为什么。她说："我想挑战新环境，认识新的朋友。"

我很吃惊，没想到她竟然会做出这样的选择，非常佩服她的勇气。我对她说："如果你要调到普通班，就要考虑后果。比如进入陌生环境，很可能会失去原来的好朋友，或者无法成为班干部，成绩也会发生波动。这些问题，你都想到了吗？"

女儿认真想了一会儿，笃定地说："我想过了，平时可以交新朋友，下课可以找老朋友。而且，说不定新同学喜欢我，也会选我做班干部呢。再说，我也会努力学习的。"

我说："既然你能接受这件事带来的后果，那妈妈尊重你的决定。"她一下子蹦了起来，开心地抱着我说："谢谢妈妈支持我，我还怕你不同意呢。"

因为班上有几个同学都想从国际班转到普通班，所以老师说大家抽签决定去留。抽签前夜，女儿对我讲："老师说可以让父母替我们抽签，你想来吗？"本想腾出时间陪她，但想了一下后，我说："不去了，你可以自己做决定，抽完签记得给我打电话哦。"

第二天，女儿是全班唯一一个自己抽签的小朋友，其他都是家长代做的。我接到她电话的时候，她兴奋地大喊："妈妈，我抽中啦！抽中啦！可以去普通班啦！"听到她开心的声音，我就知道，自己不去是一个很对的决定。我能感觉到，她沉浸在自己掌握命运的喜悦里。转到新的班级肯定会遇到困难，但这一切是她自己决定的，是她自己开启的，她要对自己的选择负责。

后来，女儿才告诉我："妈妈，我觉得英语是不难的，我更想好好学中文。"国际班更注重英语教育，但是普通班更注重中文。她想把中文学得更扎实，学好中国文化。很多年前，特别流行出国留学，以为从国外回来的人更厉害。可是现在，随着中国实力的崛起，我从女儿这一代孩子身上，看到了深深的爱国热情，非常欣慰。

爱孩子，就要给他主动权，把对未来的决策权交到他手里。让他自己上前线，感受掌握命运的喜悦；不要总是为他遮风挡雨，让小雨淋到他头上，他才知道要去动手造伞。我们要做一个陪伴者和支持者，成为孩子强大而坚实的后盾。

3. 理性地保持界线

很多人时时刻刻盯着孩子，生怕他做什么坏事；恨不得带着望远镜去跟踪，看他交了什么朋友，看他做了什么事情，看他是不是有什么小秘密。孩子生活在监控中，没有自由，没有隐私，没有氧气，真的能健康成长吗？你以为这样的零距离，真的能让孩子对你敞开心扉吗？

事实上，当你一点点强势缩短你们之间的物理距离，孩子的心理距离就会一点点疏远。当你暗自窃喜自己终于和孩子零距离时，他们内心的叛逆早就生根发芽了。只待时机成熟，便会和你摊牌。孩子和家长的距离，到底应该亲密无间，还是保持界线呢？答案是，在物理上保持距离，在心理上保持亲密。

适当给孩子自由，他才会更享受和你在一起的时光。在生活和学习上，我对孩子的关注比较少。他们有自己的私密空间，也有不想让我知道的秘密。那也没关系，我不介意，毕竟我小时候也有父母不知道的秘密。当他们想告诉你的时候，自然会说；如果他们不想说，何必强求。

△ 孩子悄悄藏在我行李中的生日贺卡

虽然时代不同，但是成长的路径和心理是一样的。我在遇到沟通困难时，就会想自己小时候的事情。我那时是什么样的想法，想怎么做。其实，每个大人都是从小孩过来的。但是，当变成大人后，就忘了来时的路。他们不记得自己也曾年幼，只会一味地用大人的价值观衡量孩子的世界。

如果每个大人都能记得自己也曾是孩子，记得自己来时的路，那家长和孩子之间的矛盾势必会减少很多。

想让孩子把你当成朋友的前提是，你要把孩子当成你的朋友。我经常对孩子说，不要怕，去做，跌倒也没什么，妈妈和你们一样，也在努力尝试新的东西。我有时候做错了事情，也会告诉他们，妈妈也是普通人，也会犯错，我们都在一起努力，一起在跌跌撞撞中成长。

我不要当孩子的榜样，我要当和孩子一起成长的好朋友。我从来不是那个站在他们前面，拉扯着他们跑的人；而是和他们站在统一战线上，肩并肩、手拉手，笑着向前阔步走。身为母亲，我清晰地知道自己的身份。我只是他们生命前期的引路人。我要做的并不是直接指出哪条路是对的、哪条路更宽阔，而是要告诉他们如何辨别方向，如何解决路上的障碍物。

我们所说的每句话，我们所做的每件事，都像一颗种子落在孩子心里。种子会开什么花、会结什么果，全看我们种下了什么因。你呢？你种的什么因？

平衡：转换身份，深耕时间

每当采访者坐在我的对面，呈现出思索的神情、疑惑的眼神时，我就知道，在他张口的瞬间那个经典的灵魂拷问又要来了："你是如何平衡家庭与工作的？"

我笑了笑，欢迎老朋友。

我敢说，在中国，没有一个女性创业者能逃过这个问题的魔咒。所有采访者在访问女企业家的时候，或早或晚，都会问出这个。因为这个问题太有魅力了，所有人都想知道答案。

但遗憾的是，我从未听过有人问男企业家这个问题。当然，我并不是在抱怨，而是在说出一个真相，不管女人的事业有多成功，都离不开家庭，而且被认为是理所当然的。

但也有不少人说，女企业家所说的平衡就是一个伪命题。她们整日忙于工作，根本就没有时间陪伴家人；而如果把太多的注意力放在家庭上，势必会影响工作。

我之前也是这样想的，所以才会全职在家，一心一意带娃五年。等我复出工作后，才发现了这个秘密，工作与家庭其实是可以平衡的，但要学会善用技巧。有人总觉得女人工作时心系家庭，不能沉浸专注。对我来说，事实恰恰相反。因为我对家庭有着强烈的责任心，想让家人过上更好的生活，所以才有更强大的拼搏力，对工作更投入。家是我动力的来源之一，是那根定海神针，是我努力的意义。

对于我而言，平衡其实隐含了两种不同的维度：一种是身份上的平衡，一种是时间上的平衡。

1. 平衡身份

你的身份是什么？在公司是员工、主管、经理等；在家则是妻子、母亲和女儿。

如果用同样的心态扮演不同的角色，那势必会出现问题。很多女强人在工作上雷厉风行，回到家后还照搬这一套，将工作中的那些方法直接用在家里，用各种条条框框来约束家人，这显然是行不通的。家人会觉得束缚，认为你强势，即使你的出发点是善意的，他们也会产生对抗心理，从而疏远你。如果家人形同陌路，那你拼搏的意义又在哪里呢？

我们每个人在不同的领域中扮演不同的角色，应该学会平衡和切换。家人不是员工，家庭不是公司。公司讲求的是制度，而家人需要的是爱与关心。我们需要在工作和生活之间画一条银河线，清清楚楚地隔开。

我会在公司完成所有重要的工作，在踏入家门前的那一刻，深吸一口气，给自己一个心理暗示："这里是家，家是讲爱的。"这时,我紧绷的心便放松下来,推开门,我就变成了一个普通的妻子和妈妈。这个角色的底色是温暖,我要用满满的爱才能包裹住生活的柴米油盐。

家是温柔的场地,我们要去爱护家人。女人是一个家庭的核心和引领者,我们想要构造怎样的家庭,就必须做出相应的行动。那么如何去平衡职场角色和家庭角色呢?

在职场时,就调动理性部分,尽心尽力集中注意力,提高工作能力,做出优秀的成绩;回到家后,就要展示感性部分,做一个温柔的陪伴者、耐心的倾听者,化干戈为玉帛,引领一个家庭向上成长。我们所有的出发点,都是爱。

中国式家庭的交流方式,就是有话不直说,常常藏着掖着,让对方去猜测你的想法。如果对方没有猜到,就会认为他不懂你。事实上,你不表达出来,怎么可能让对方理解呢?

有些女人在工作上比较辛苦,回家后发现鸡飞狗跳,地板上乱糟糟,孩子们闹哄哄,老公还在沉迷手机,不管不问。噌地一下,她就各种唠叨责怪,如果伴侣和孩子顶嘴,那么双方就会愈演愈烈,生气发火、吵架冷战,长此以往,家庭关系越来越糟糕。

那到底要如何和家人沟通呢?不管发生了什么事情,首先一定不要批评对方。一句批评的话就是一个火花,能够瞬间点燃一场烈火。负面情绪是会相互传染的,你的情绪决定家庭的氛围。两个负面情绪的人在一起,就只会说出伤人的话。而伤害一旦存在，就很难弥合。就像钉子钉进了墙面，再拔出来，肯定是有洞隙的。当感情缝隙越来越大，就会走向决裂的边缘。

改变你的说话方式，将批评改成夸奖。如果你想让孩子学会阅读，不要命令孩子，而是自己看一本书，时不时分享一些有意思的故事，吸引孩子的兴趣，等他产生了好奇，就让他看。这时，你就可以展开夸奖战术，夸夸孩子看书的认真模样，夸夸他优秀的品格。哪怕他一开始每天看五分钟，你也要夸，让他从潜意识里接受自己就是一个爱看书的孩子。你想让他成为什么样子，就朝那个方向去夸。到最后，他会潜移默化地朝那个方向改变，这就是夸人的神奇魔力。

在理性和感性之间转换，掌握一种微妙的平衡，就是身份转换的重要法则。成为一个温柔而坚定的女性，会让工作越来越顺利，家人越来越幸福。

2. 平衡时间

如果说转换身份还比较容易理解，操作起来也相对简单，那么平衡时间就很难了。它的难点在于，每天的固定时间就那么多，怎么可能多出一部分呢？

在时间分配上，我必然是工作居多，但并不能说我给予家人的时间就不够。在别人看来，我好像在家的时间也不是很长。但是他们只看到了时间的长度，却没有看见时间的深度。长度很好理解，那什么是深度呢？深度就是使用时间的效率。

举例来说，如果你和家人一起看了三个小时的电视剧，看似陪伴时间很长，但真正交流的时间连五分钟都没有。如果你陪家人聊天三十分钟，就可以用这短暂的时间深度了解对方的想法，敞开心扉，进一步沟通，促进关系和谐。你觉得哪种陪伴是有效的呢？第一种就是无效陪伴，第二种才是深度有效陪伴。陪伴，并不是说你们的身体挨着，而是你们的心是挨着的。前者是物理距离，后者是心理距离。心的距离越近，关系也就越亲密。

我的平衡时间，指的就是从深度来讲。我要把每一分钟的陪伴挖掘出最大的价值，一分钟的有效陪伴远远大于一小时的无效陪伴。我的时间很紧张，每天都有无数的事情等着。但陪伴孩子这方面，我从来都是排在重要位置的。那么如何进行有效陪伴呢？

我在家里陪伴孩子，会认认真真地听他们讲学校发生的事情，讲他们好朋友的故事，讲现在的想法和心情。我也会和孩子们说说自己的观点和看法。彼此真诚地交流是关系的第一步，不要以为孩子听不懂大人的生活，就闭口不讲。

有人因为工作烦恼，就会在家摆出冷漠的脸，孩子好心跑来问你一句，妈妈你怎么了。你一把推开孩子说："一边去，大人的事，你少操心。"这样就彻底破坏了亲子关系。事实上，孩子远比你所认为的懂得更多，他们会用孩童的视角给你一个全新的看法，常常能收到让人惊喜的结果。

彼此邀请加入对方的生活。我让孩子们参与到我的工作中来，他们看到我工作的内容，会更懂我；孩子们也会邀请我参与到他们的生活中去，在他们弹钢琴时，我就坐在旁边，听着行云流水般的音乐，体会他们的心境变化。这种艺术的流淌，让我们心意相通。

和孩子们一起看书，看完之后，互相分享书中的内容，彼此交换不同的观点，这都是很好的深度陪伴方法。我们还约定了每年一次的亲子旅行，在旅途中更容易敞开心扉，谈天说地。我的孩子们更像是我的知己，我们可以无话不谈。

所有的关系里，关键都是爱，如果你爱他，他自然回馈于你。换位思考，不压制，不逼迫，养成良好的沟通习惯。很多家庭看似每天都在一起，但互相不理解，互相不认同，常常生气闹别扭，就是因为缺乏了深度交流。

我常常说，女人如水，水有万种形态，女人也是如此。女人可以刚强与温柔并济，也可以才华与美貌兼得。平衡是种艺术，学会耕耘时间深度，才能建立起强大的情感纽带。

交友：雪中送炭，方为真情

我掰手指算了一下，真正的好朋友不过一个巴掌而已。说实话，虽然这个数量不多，但已经足够了。有人发个朋友圈，一众点赞留言的人，热热闹闹，但他们真的是朋友吗？你们可能连面都没有见过几次。一些整天招呼你吃肉喝酒的朋友，会存在真正的友谊吗？我看不见得。

什么才是真正的友谊？我所理解的真正的友谊，不是乍见之欢，而是久处不厌。如今想来，非常感谢在我生命的不同阶段，都有真心的朋友一直陪着我。温润的感情，让我感受到了人与人之间的美好联结。

在我不安的青春期里，一个可爱的女孩陪我走过了一段珍贵的时光。

我生活的小城很小，小到但凡做点什么事都会出名，弄得满城皆知。我在小学是大队长，大大咧咧、我行我素，又很强势，男同学都怕我。所以，人人都知道有个很张扬的钟婉。

刚进初中，满心期盼着新生活。坐下座位，看到同桌是一个长头发的女孩，她皮肤雪白，眼睛灵动，恬静不喜欢说话，是男同学心里的白月光，被很多人暗恋。

她叫小小，这个冰山般的冷美人，是我人生中第一个真正意义上的朋友。我和她坐在一起，就是两个极端。她极度安静，我异常活跃，我俩是"冰火两重天"。上课时，她只会安静听讲、记笔记，从不主动发言，也从不主动举手，安静得就像教室里的一盆美好的植物；我却最喜欢提问，经常主动举手站起来，提出疑问，和老师对抗。

后来，我发现小小实在太内向了，我想改变她。当老师在讲台上提问，有人会这道题吗？我就大声喊，小小会。然后怂恿她站起来，她别别扭扭地站起来，轻轻松松地回答问题。她有鼻炎，大多数时候都是悄悄用纸擦鼻涕，生怕被别人发现。我对她讲："你要大声点，就是要让所有人都知道。"我和她还约定好，一起喊"一二三"，一起大声擦鼻涕。一下课，我就拉着她的手到处疯跑，去校园里找人多的地方扎堆凑热闹。

现在想来，那时的自己很莽撞，可不正是因为无拘无束、无畏无惧，才照耀了整个年少吗？

可能是受我的影响，小小的性格逐渐开朗起来。她妈妈还特意对我说："小小以前太内向，非常感谢你，让她现在这么开朗。以前我和她说话，她都不太理我的。"

我们坐在学校高高的天台上，吃着凉凉的冰激凌，我问她："小小，你以后想做什么？"微风吹起她的头发，她看着远方说："我想从商，你呢？"我笑着冲她说："我也没多大的梦想，我就想当个公务员，每天上班等下班，多安逸哇！"我俩相视一笑，彼此约定要努力完成梦想。

谁知，多年后，我开了公司，实现了她的梦想；她却成了公务员，实现了我的梦想。我们两个戏剧性地过上了彼此曾经最向往的生活。二十多年过去了，我们依然是很好的朋友，经常互相打电话聊天。非常感谢小小，成为我青春里一抹亮丽的色彩，让我拥有了一段珍贵的友谊。

我上大学时，每个同学家都很有钱，除了我。我不仅没钱，还拿不出钱交学费。虽然没有自卑过，但为了面子，我也会稍微伪装一下，不会刻意暴露自己很穷。

投胎这门技术，是无法精进修炼的，既然无法改变，又有什么好自卑的？我的室友周媛也是从小县城来的，和我不同的是，她家是县城里数一数二的有钱人。

有一天，我去食堂吃饭，刷了半天卡，也刷不出一顿饭钱。饭堂阿姨不好意思地对我说："姑娘，你卡里没钱了，要不让让地儿，让后面的同学打饭？"我尴尬地看着后面的长队，只能饿着肚子走出去。

这时，看见周媛正在有滋有味地吃饭，我就坐在她对面。看她吃的正是我垂涎已久的老铁桂林米粉，三块五一份，可我没吃过。我就问她："这米粉香不香？好吃吗？"她抬头说："好吃哇！这是桂林特产。"

我又好奇问："为什么这个叫老铁米粉呢？是因为用铁盘子装的吗？"

周媛笑哈哈地回："不不不，'老铁'就是个品牌。"

"我没吃过。"我咽了咽口水。

她豪爽地说："那我请你吃一顿。"

我摸了摸瘪瘪的肚子，思考了三秒钟说："好，那等我有钱了，再请你吃。"她帮我买了一碗米粉，我以暴风似的速度吃完，可真是太好吃了。到了第二天，我依然没有钱。周媛拍拍我的肩膀说："没事，我一直请你吃饭，请到你有钱为止。跟我在一起，你不会饿肚子的。"我虽然很不好意思，但暂时也没有其他更好的办法，毕竟饥饿这件事是无法忍受的。

结果到了第三天，我就赚到钱了。周媛总共请我吃了两碗米粉，但是她的恩情，我记到了现在。那份米粉带来的感动，我一直藏在心里，像一个小火炉燃烧着温暖明亮的火苗。

我以前一直在电商工作，每天就是在线上沟通。没有时间出门，没有时间交际，所有的时间都在工作，所以创业以来几乎没有认识到新的朋友。在全职妈妈的五年中，我带娃去做早教，认识了很多宝妈，机缘巧合之下，也结交了两个很好的朋友，圆圆和大花。

有一年双十一前夕，圆圆和大花郑重其事地把我约了出去。她俩顾左右而言他，我总觉得不对劲，便说："你俩有啥事，直接说。"圆圆看了一眼大花说："那我就直说了，我知道你现在有困难。这样，我现在手头有50万，可以全部打给你。"大花说："对，我俩就是想说这个事，又怕你不接受。我只有300万，全都给你吧，不用打借条。"

当时听了她俩的话，我的眼泪就要落下来。那时，我处在一个困难时期，资金周转不开，不能进货，那就意味着要错过双十一。不知道她们怎么知道这个消息的，竟然要这样帮我，但我还是婉拒了。圆圆和大花说，如果拒绝，就是不尊重我们的友谊。

听了这话，我万分感慨，这是修了几辈子的福气，才让我遇到这么好的朋友。给你锦上添花的未必是真朋友，但是雪中送炭的一定是真情谊。

后来，大花家要搞装修，我推荐了自己的设计师，过去帮她。设计师去她家后，发现很多我店里的产品。设计师好奇问："怎么这么多小婉家的产品，还都过期了？"

大花笑笑说："我买来支持她一下。"

大花从来没有当面给我讲过这些，如果不是设计师去她家，我根本就不知道她一直在背后默默支持我。

圆圆每到过年，都会帮我置办年货，并且亲自送到我家。她知道我没有时间买东西，所以处处为我考虑，还帮我介绍客户。

那些在明面上对你嘘寒问暖的，不一定是真朋友。但是默默地在背后做很多事情支持你的，一定是爱你的。

友谊有很多种，有点头之交、泛泛之交、酒肉之交、商业战友，但真正的友谊标准是，你们之间是否真诚以待，是否互相倾诉，是否彼此搀扶着走出低谷。这个标准只有自己知道，除此之

△ 和闺蜜们一起活到老，玩到老

外，无人知晓。我的朋友很少，但是每个都对我真心实意，不图任何东西，只是人与人之间珍贵的情感交流。

朋友就是后天选择的亲人。我们无法选择血脉，但好在我们可以选择谁能成为你的朋友。远离那些打击你、批判你的人，亲近那些真心爱你的人。她们在背后默默支持我，成为我的精神支柱。

所有的关系除了真心，还需要经营。即使再忙，我也会抽出时间和朋友去聊天说说近况。被忙碌遗忘了的关系，一定不是真关系。同甘的人太多，共苦的人太少，如果遇到了，那就珍惜。

建立在金钱上的关系，会随着金钱的流动而变化。而建立在爱情上的关系，会随着爱情的消失而隐匿。只有闺蜜这种感情，不涉及金钱，不涉及利益，不涉及复杂的感情，只是那种女生之间天然的吸引力，玲珑剔透，成为这个人世间少有的纯粹感情。

当然，真正的友谊都是双向奔赴的。当她们为我着想时，我能看到、能感觉到，并且会以她们舒服的方式，去爱她们。谁说友谊不是一种爱呢？这是一种更为高贵的爱，不含任何纠葛，只是干干净净地想对另一个人好。我愿意将友情看成另一种亲情，虽无血缘，但胜似姐妹。

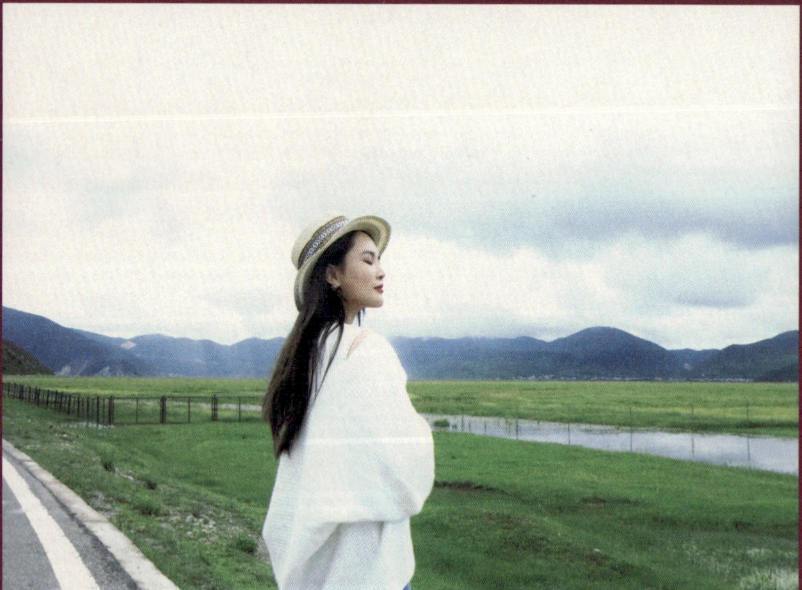

修 炼 篇
充盈灵魂

「美丽是多维度的,是随着身心流动的,以爱坚守,以爱滋养,以爱传递。」

时尚：不迷品牌，活成品牌

2007年，我刚大学毕业，攒了一点钱，某天路过奢侈品专柜的时候，看着出现在时尚杂志上的闪亮Logo，还有那些在里面挑挑选选的漂亮女孩，心底飘起了一种虚荣感。

或许，我也应该拥有一个。当这个念头闯进大脑后，就再也赶不出去了。

我局促地站在奢侈品专柜前，走来走去，看来看去，最后选了一个LV包，不是因为看上了它的样子，而是看上了它的价格。几千块钱的包是大牌中最便宜的，也在我咬咬牙的范围内。

我欢天喜地背着包出门玩，却尴尬地发现，满大街的年轻女生背的全是同款老花包。后来，有朋友来我家，翻来覆去摸着我的包，她笑着说："你这也是200块买的吧，我也刚买了一个。你这质量还挺好的，像是真的。"听完这些话，我立马把这个包塞进衣柜深处，再也没有拿出来过。当时的我根本不像买真包的人，所以这个Logo对我来说，不增身价反而掉价，给人以买不起奢侈品还假装精致的窘迫感。

后来，我踏入了时尚美妆圈子，见识过了各种真正的奢侈品和大牌。从当初花几千块钱买了只背一次的包，到现在对任何大牌都不迷信的状态，我踩过坑，也摔过跤，真希望能早点告诉你这些。

1. 和物质解绑

曾经，一个女性朋友来找我，说自己想买一个包，预算10万块，问我有没有推荐的款式。我直截了当地说："你不要买这么贵的包。"她疑惑地问："为什么？"

"想想看，当你从一辆7万块的车上走下来，别人能信你拿的是10万块的包吗？我都不会信，大家只会以为你买的是假货。"

但她还是执意要买。

我又问："你真的喜欢这个包的设计吗？还是只喜欢这个包带来的虚荣感？"

她沉默了。

我其实很懂她的心情，因为她和当初的我简直一模一样。在我生完宝宝后，空出了大量时间，终于可以逛逛这个花花世界了。我迷恋上了看似美丽高级的奢侈品，详细了解各个品牌的设计、价格和升值空间，甚至还爱上收集各种钻石。每天沉迷于买买买的状态中不可自拔，要么正在买，要么已买了。当内心空虚的时候，总是寄托于某种东西，希望能够填补，但往往毫无效果。

一天傍晚，我开心地提着一堆战利品走进家门，却发现自己做了一件傻事——衣柜里躺着一模一样的同款。一个东西买了两次，自己却毫无发觉，因为我很少用。这些物品的高光时刻就在我下单的那一秒，我享受的是自己买得起的自豪感、被柜姐周到服务的愉悦感，以及露出Logo后众人艳羡的虚荣感。

能用得起奢侈品牌，好像成了某种神秘的归类标准。一种是用得起奢侈品的，代表你过着上流生活；一种是只买平价物品的，代表你过着普通的生活。

"女人要在能力范围内，给自己最好的。"这句话像一句咒语悬在我们的心头。很多女生因为想得到某些东西，而走上不正当的赚钱道路，从而葬送自己的人生，这样惨烈的故事在新闻热搜上层出不穷。也有年轻女孩熬夜加班、省吃俭用，同时打好几份工，吃一个月的泡面，就为了买一个和别人同款的大牌包。喂，人家说的是能力范围以内啊！这明明超过了你的范围，何必逞强把自己逼到头破血流的地步呢？当拿到包的那一刻，会突然感受到眩晕和美好，觉得一只脚踏入了贵族行列，却没有意识到自己仍然身处几百元的合租屋里，铺着廉价的床单，吃着三元一桶的泡面。你没有因为这个包而更幸福，反而因为它导致生活更窘迫。

什么是世界上最高级、最美好的东西呢？不是动辄百万千万元的奢侈品，而是只此一次的无价青春啊！蓬勃的生命力、旺盛的创造力、健康的身体，哪个不比奢侈品更昂贵呢？再怎么昂贵的奢侈品，都是人类制造的；而你，就是无价的个体存在。大好的青春时光，去探索自我，去发掘潜能，千万不要掉入奢侈品的疯狂陷阱中。

你以为自己一身名牌，看起来就很贵吗？如果你没有这个经济实力，别人要么认为是假货，要么觉得你的钱来路不正。和物质彻底解绑，才是你迈向心灵自由的第一步。试试看，你能舍弃那些为了虚荣而买的物品吗？

2. 只买喜欢不买贵

请打开你的衣柜，审视自己，满柜子都是Logo，还是让你愉悦的物品呢？身边的朋友们都在时尚圈，张口闭口都在谈论某个牌子的发布会，出入都是时髦最新款，我也很难从Logo陷阱里脱身。我从只为大牌买单，到只为自己喜欢买单，这个转变花了相当长的时间。

刚开始不买大牌的时候，生怕别人觉得我吝啬而总要费力解释一番，我不是买不起，只是不喜欢。但是发现别人看我的眼神更奇怪了，好像在说，解释就是掩饰，买不起就买不起呗。直到后来，我再也无需解释，想买什么就买什么，不想买什么就不买什么。不被广告绑架，不为Logo买单。而身边的人，再也没有那种怀疑的想法。

现在的我，买东西更追求设计和材质。我所买的，皆为我心所悦。我喜欢简约而不简单的设计，别具一格，让人赏心悦目；喜欢更为天然的材质，环保舒适，比如真丝、棉麻、羊毛。

有些女生为了穿进一条小码的裙子，追求极致瘦，抽脂断食，甚至用更为残酷的方法，只为把自己塞进衣服里。这种不健康的做法，让身体承受了酷刑。生而为人，我们的身体是珍贵的，是美好的，应当被精心保护、温柔呵护，而不是为了一件不合身的衣服惩罚它。青春洋溢的姑娘，只要保持洁净和健康，哪怕是简单的衣服，穿在身上都是动人的。何必将自己困于别别扭扭的衣服里呢？与其费尽心机攒钱买一件贵的，不如花时间锻炼身体，研究适合自己的剪裁和颜色。

我老公曾想让我换个400万元的宾利，我果断拒绝了。我挺喜欢现在的代步车，100万元的帕拉美。我的车就是上下班用，不需要用车为自己贴金。如果真有那么一天，需要用车彰显身份，那应该买劳斯莱斯而不是宾利才对。

警惕Logo陷阱，适合比贵更重要，爱比面子更值得。将钱投资在学习工作上，让自己增值，让生活美好，你想要的一切，终将负担得起。

一个物品，若我喜欢，30元我也付；若我不喜欢，30万元也不买。我有拒绝Logo的底气，我有不用大牌证明自己的实力，这就是我现在的状态。

3. 把自己活成品牌

谁是你的标签？你又被谁物化了？你所用物品的昂贵和廉价并不能直接和你本人挂钩。

有很多身价过亿的企业创始人，只穿平价衣服。他们只将衣服当作物品，而你却将衣服当成身价。他人是利用物品，而你是被物品利用。

在我迷恋大牌时，沉迷于看各种时尚杂志，买各种新款潮流，内心想着，我是做美的事业，不能被人给看低了，所以必须要走在时尚前沿。但当我打开衣柜，映入眼帘的都是些夸张的Logo，根本不是我喜欢的东西。

有一次参加活动，我干脆拿了一个冷门的几百块钱的原创品牌包。结果那天，很多人问我，钟姐，这是什么牌子，质感这么好，是不是很贵，是不是要几万块钱。我突然发现，我不再需要奢侈品为我加持，反而可以为自己喜欢的牌子代言。

当你活成名牌时，哪怕你穿再便宜的衣服，大家都会说你很美。有个明星上了热搜，原因是她戴着普通人同款的几块钱发圈。人们非但没有说它廉价，反而引起了疯狂带货潮。一时间，所有人都以拥有明星同款为荣，这就是品牌效应。

你很贵，不是因为你的衣服和宝石很贵，不是因为你开的车和提的包贵，而是因为你的能力很贵，你的身价很贵，你的才华很贵，这才是一个人真正的价值。衣物的价值不是你的价值，你的价值也无须衣物来体现。

若你无足轻重，若你一事无成，若你一塌糊涂，即使用昂贵的衣物装饰自己，大家不仅不会买账，更会暗自揣测，你的钱是不是正路而来。

美是流动的，是舒展自如的，一定不是拘束的、蹩脚的。贵气，是你精神的富有，是你周身的气质，是你不凡的谈吐。若这些都没有，那你用钱买到的，只是劣质的暴发户气息。我希望年轻的姑娘们能够早点懂得这些，让自己从攀比物质的世界中走出来。我想说，年轻时贫穷并不是什么罪，但年龄增长却依然没有赖以生存的能力，便是可耻。一个人想让生活变得更好而努力，是非常美好而充满能量的；什么事情都不想做却沉迷于享受，是堕落的。

当你把自己活成品牌，无论贵价还是平价，都能自信潇洒、不卑不亢，自成风格。

△2019年，戛纳红毯

自律：内外兼修，长葆美丽

一年300多天，我见证了珠海许许多多的温柔夜色。半夜12点左右，我通常会结束直播工作，开车闯入深夜，驶向家的方向。回到家，我开始仔细卸妆，护肤贴面膜，也会趁这个空档学习一会儿。学习完，不管多晚，都会做1个小时的运动，舒展筋骨，或者练习核心力量。是的，你没有看错，凌晨3点的我，还在护肤和运动。这是我365天都在坚持的事情，从无间断。

为了美，这么拼，值得吗？在我减肥十几斤，美白好几度后，才发现，原来美丽的人生如此闪闪发光。

我想要的自律，不仅是外貌上的，更是内心的平衡。由浅入深，变美有三个递进的过程，第一个层面是外在保养，第二个层面是健身运动，而第三个层面是内心的平和自信。欲望，是变丑的根源，它深深扎根于你的内心，总想要吃高热量的东西，总想要懒惰躺平，能不变丑才怪？有时候，我们并不是胃中饥饿才想要吃零食；更多的是为了满足无聊状态中，一种进食的欲望。

变美，就是一个持续对抗欲望的漫长过程。

我当年生完孩子后，身材走样，胖了20斤，整个人看起来很臃肿，根本没有心情打扮，也不想出门，莫名低落，唉声叹气，不知道该怎么办，好像生活在一层灰蒙蒙的阴影中。有个好朋友来看我，她说了一句让我醍醐灌顶的话："你有多久没有照镜子了？看你以前多阳光，可不是像现在这样。"

我站到镜子前，实在无法直视蓬头垢面的自己，不敢相信这就是我。当外貌邋遢时，我们的生活也是糟糕的。是的，如不改变，我就只能越来越差。内心鼓起勇气，踏上新的变美征程。

我开始勤快护肤，从每天清洁、保湿、抗衰老开始，定时使用美容仪。去健身房请了私教锻炼，每天挥汗如雨，感受到了生命的活力和绽放的精彩。看到赘肉一点点消退，马甲线显现，身体的美好被释放出来。在拉伸筋骨时，我感觉到了身体的无限潜能。而在此之前，我从未知道，原来我还有运动天赋。

为了变美，我养成了自律的好习惯。为了保护皮肤，我严格控制饮食。我的控制饮食，并不是指节食。节食是一种不健康的习惯，如果身体无法吸收到足够的能量，就会产生负面的状况。有些女孩节食之后，由于营养不足，头发开始掉了，皮肤也松了，更有甚者，生理周期也不规律了，身体呈现出一种病怏怏的状态。后期无论怎么弥补，也无法恢复元气。

我的饮食调整策略是，尽可能多地摄入新鲜的食物，取代那些重油重糖的过度调味。不吃油辣咸和垃圾食品，少吃淀粉，多吃绿色蔬菜和肉类。刚开始改变时，很不适应，总是很馋之前重口味的食物。过了一段时间，肠胃卸下沉重的负担，我也能够吃出食材原本的鲜甜味道了。与此同时，我一直在戒糖，因为糖会让人变丑、变老，对健康也不好。吃得太饱会有昏昏欲睡的感觉，所以我只吃八分，足够保持体力，剩下的两分让头脑保持清醒。

在严格的饮食管理和运动锻炼的双重加成下，身体不再笨拙、不再沉重，我从内而外地感受到了生命的轻盈。美好的身体曲线，并不完全由衣服呈现。若你拥有一个完美的身材，哪怕穿麻袋也是很好看的，我终于爱上了这样的自律生活。一旦自律成为强大的习惯，想戒也戒不掉。

当变美进入第三个层面时，我开始让内心平静，学习冥想。每晚睡前，打开香薰晶石，静坐地上，闭上眼睛，一点点感受自己的呼吸，感知自己注意力的变化，我看见头脑中万千个念头像孔明灯般亮起，像林中之鹿般欢腾活跃。我放弃自己想要阻止的念头，只是对它们保持觉知，不去干预、不去控制，像陌生的旁观者一样，只是静静观察。

如果我们只是一味奔走，从不停留，就会弄得疲惫不堪。可以试试冥想，让自己沉下来，感知现在的生活。冥想，就是一个让你留在现在，觉知当下的过程。一开始的确很难，但是接纳困难的部分，从一分钟开始练习，慢慢增加时长，你就会感受到冥想对自己的改变。在每天的冥想练习中，我凝聚了关注力，学会了在喧闹中静心。这种对心灵的净化，能够体现于外在，让你从容不迫、不骄不躁。

△ 身心平衡

你的生活，你的情绪，你的涵养，都展现在外貌上。美好的人，通常能看到更美好的世界，因为她们对美有着超强的、敏锐的捕捉力。

当你说一个20岁的女生是花瓶，有可能是贬义词；但若说一个30多岁的女人是花瓶，那是大写的褒义词。因为美丽并不会轻易在30岁的女人身上呈现。若你以为，美女都是空有其表，那是你的局限和肤浅。每一个美丽面孔的背后，必然踏平了无数阻力、困难与诱惑，付出了很多金钱和精力，那是日复一日的坚持和毅力，是健身房流下的汗水，是减脂时吃下的蔬菜，是拒绝大餐时的坚定心性。美丽的背后是自信，是那种稳稳把控自己人生的定静。

我一直不明白，为什么总有人提出才华与美貌二选一的题目。这个题目就是在预设才华与美貌不能兼得。其实，这是可以同时得到的，只不过要付出极高的代价。任何事物皆有代价，如果你想得到，必然要付出。

如果不自律，放任吃喝不运动，身材很快会走形，且很难恢复。因为新陈代谢慢了，不会像年轻时那样，吃吃喝喝照样很瘦。说一句扎心的话，自然瘦只属于年轻人。过了30岁就不可能再有自然瘦，只有自然肥。这个肥随着时间流逝，而愈加增多。

有人说，女人千方百计想变美，还不是为了讨好异性。听到这种话，我一笑而过。说出这种话的人，通常都是男性。因为男性会认为，女生是为了他们而打扮。在这里，我想再次强调一下，女生要变美，还真不是为了异性。

为什么说变美是一个女人的刚需？因为变美之后，她的精神和气场大有不同。当她一步步按照自己的想法实现了美丽，会增强自己对生活的掌控力。由内而外地散发一种自信和光芒，这便是魅力。美丽不是女人的全部身家，能力、智慧、特质都是其一。

美就是一个女人的战斗力，是她与这个世界抗衡的武器。因为美丽，所以在面对自己与他人时，会产生自信心，而自信也是能力的底气。很多人自卑于样貌，从而消沉低落，放任自己的身材，放任自己的生活，从而走向下滑的道路。

朱光潜在《谈美》中说过："人所以异于其他动物的就是于饮食男女之外还有更高尚的企求，美就是其中之一。"美是底气，是对自我内心美好的映射。我们对美的要求，会投入到工作生活中，用发现美的眼光看待自己，看待这世间万物。真正美丽的人，没有匮乏感，不需要奉承与赞美，泰然自若。

自爱：五个秘密，聚焦能量

你喜欢自己吗？

停，别轻易说出答案，这并不是一个肤浅无聊的问题。你很可能说，谁不喜欢自己呢？但是认真思考，你真的喜欢自己吗？如果你喜欢自己，你会在镜子面前皱眉摇头吗？如果你喜欢自己，你会一次次指责自己的失败吗？如果你喜欢自己，你会盯着缺点痛恨自己吗？如果你喜欢自己，你应当在任何时刻，都能抱住自己温柔地说："我爱你，你很美，你真的很棒。"

试想一下，在你几十年的人生中，以上的话对自己说过几次呢？我们都知道要对父母、爱人、孩子表达爱，但你真的对自己表达过爱吗？爱自己，其实很难。你所过的人生，是这世界上万里挑一的；你所拥有的生命，是这宇宙中独一无二的。所以，还不该为自己的存在而庆幸吗？还不该宠爱这举世无双的自己吗？关于宠爱自己，我有五个秘密要告诉你。

1. 和负面的人说拜拜

你生活中有没有这样的人，当你做成了一件事正开心时，他冷不丁冒出一句，这有啥啊，还不是靠运气？当你伤心时，他又来一句，比你惨的人多了，这有什么可难过的？这种人看起来自傲，实则内心自卑，最大的爱好就是给别人添堵。他们精神愉悦的来源就是，用自己卑劣的语言打击、诋毁和践踏别人。他们就像无处不在的幽灵，给他人生活投射下黑色的暗影。这些人有时候混藏在我们亲近的人群中，他们或是朋友或是亲戚。

　　他们就像一个巨大的黑洞，吞噬周围所有的能量。对待这种人，只有一个解决策略，那就是立即远离。有时候碍于交情，不想去驳斥，不想撕破脸，却一而再、再而三地受到他们的语言压迫。千万不要去争辩是非黑白，把如此宝贵的生命浪费在他们身上，简直不值得。

　　你和这种人纠缠越久，他们就越得意，他们的本意就是要把你拉入泥潭，让你也觉得生活可憎。他们不满足于自己一个人摔在坑底，必须再拉点垫背的人才开心。家人是我们无法选择的，但朋友可以。真正的朋友之间，是爱意在流动。那些让你开心的、鼓励你的人，才是朋友；那些故意找碴的、抹黑的、抬杠的，就是单纯的坏人。对所有让你伤心、难过，给你负能量的人，坚定大声地说"拜拜"。躲开他们，离开他们，顿时神清气爽。

　　他们就是人际关系里的垃圾，你会为扔掉一袋厨房垃圾而感到抱歉吗？不会。同理，扔掉人际关系中的垃圾，也应该是理所当然的事。不要因为面子而不好意思拒绝，大胆一点，翻翻微信联系人，哪些属于这一类，赶紧拉黑。拨开瘴气乌烟，方见云日清明。

2. 静守初心

一天24小时，你有多长时间处于静心状态呢？我们每天流连于各种渠道，接收着繁杂不一的信息。总是怕追不上别人，又生怕被别人赶上，夹在一群人中间，努力向前奔跑，却不知道奔跑的意义是什么。

当各种信息从四面八方吹来时，我们需要的不是立即开跑，而是需要定力。稳定地站在飓风中心，保持平静，铭记自己的初心。不被强权所迫，不为利益妥协，不被风向左右。让所有背负在肩的压力，转变为脚底生风的动力。

不和他人攀比，不与谁人争锋，停止自我内耗，按照预定的计划来，成为一个眼中有梦、心中有静的人。在我看来，平静才是强大的力量。当风吹来，有人是树木，随风摇曳；有人是巨石，岿然不动。而这种力量是合拢的、是凝聚的，是不被外界影响的。奸佞小人无法伤害你，邪恶坏人无法侵犯你，你像一个忠诚的护卫般，守护着内心的净土，这是最高级的自爱。

当我内心净土一片，何人能来叨扰呢？

3. 关怀情绪

我们的双眼常常盯着外部世界，能看见家人的微妙情绪变化，会在乎朋友的各种状态，唯独遗漏了自己。总觉得自己是最强大的，不需要被关心照顾，遇山开山、遇水架桥，简直无所不能，所以理所当然不需要格外注意自己的情绪。

但人的情绪如不及时疏导，就会很容易积聚起来，成为不能承受之重。很多表面上看起来嘻嘻哈哈的人，却在人生的某个时刻突然抑郁。每天的小情绪就像一片雪花，轻轻地覆在心头，你总想着都是小问题没啥大事；但是日积月累，一片片雪花覆成雪山，最后在某个时间点造成雪崩。

请将力量聚集内心，感受一下，你现在是什么心情，是开心的还是悲伤的，是激动的还是平淡的？随时随地觉察内心，感知情绪的存在。如果找不到这种觉察的力量，那就想象一下，你的情绪就是一个小宝宝。这个小宝宝会哭、会闹、也会笑，但他非常敏感，需要大人的多多关照。我们每天要给予他一个特定的陪伴时间，耐心地看着他，陪着他，看他是不是在变化。爱我们内心的小孩，也是在爱自己。

当陷入低沉的情绪时，凝聚心神，去找到情绪的核心所在，我们要像自己的老朋友一样，静静地看着，坚定地陪伴，温柔地接纳。看见自己的情绪，就是一种绵长而深远的爱。慢慢引导它，转为温和，保持平衡，让身心更健康。我们要在雪花第一次飘落心头时，及时发觉，及时消融，才不至于在雪崩时痛哭流涕、悔恨不已。

4. 活在当下

吃饭的时候想工作，娱乐的时候想未来，育儿的时候想学习，每天脑子里乱七八糟，几件事同时进行着。这就是大多数人的日常，恨不得三头六臂，事事兼顾。这也导致了我们的内心经常漂着浮着，没有一个重心支撑。

无论是憧憬美好的未来，还是沉溺于消逝的过去，本质上来说，都是对当下的逃避。今天也是昨天向往的明天，今天也是明天怀念的昨天，所以应当把握今天，活在当下。只有你自己，才对你的人生完全负责。

如何活在当下？将五感极致地打开，去专注于当下，就能心无杂念。专注于此刻，看自己所看，摸自己所摸，闻自己所闻，听自己所听，尝自己所尝。沉浸其中，锁定思绪，将意念集中在你的现在，而不是飘离到其他地方。

当忙碌的工作挤压了生活空间，我们需要给自己一个活在当下的放空时间，哪怕只有五分钟。在这段时间里，享受每一次入口食物的味道，欣赏每一次入目的美好风景，聆听每一句入耳的美妙音乐，触摸每一次经手的物品，闻每一次入鼻的香气。心无旁骛，自在心静。

这些事情，看起来挺简单，但我知道做到太难了。回想工作很多年来，我从来也没有活在当下。我的眼里只有目标、行动和结果，整个人心浮气躁。

而现在，我也正在尝试改变和突破，定时给自己买鲜花放在办公室。每天看到鲜嫩的花朵，我就能提示自己活在当下，闻闻香气，观察花瓣的变化。所以，如果你经常游离，那就给自己设定一个小小的仪式，哪怕是每天清晨做一下拉伸，或者用心做一顿早餐，这个习惯会告诉你，要专注于当下。爱每个当下的你自己，也是在爱你全部的人生。未来就是由无数个当下构成，活好每一个当下，才能赢得未来。

5. 收藏幸福

问个问题，你的幸福度高吗？我敢肯定，大部分人都说不出几件最近幸福的事；但如果让他们说不幸福的事，他们能数出一箩筐来。那么，真的是痛苦比幸福多吗？

事实上，生活中并不缺少幸福，但是多数人都缺少收藏幸福的习惯。我最近开始写感恩日记，每天晚上选取三件当日要感恩的事情，记录下来。

一开始觉得生活太平常，根本没有什么特别的事情发生。后来发现，幸福并不是什么感天动地的大事，而是日常生活中的琐事。也许是我下班劳累时，孩子们帮我轻轻按摩；也许是我愁眉不展时，另一半的暖心拥抱；也许是我工作疲乏时，同事递来的一杯热茶；也许是我沮丧时，顾客留下的一句鼓励。我能从这些小事中，接收到来自他们的真诚关爱。

有一天心情低落时，我翻开了感恩日记。上面整整齐齐地记着每天发生的小确幸，突然就被这些温暖的文字疗愈了。原来有那么多人在爱着我。这些爱，滋养着我的生命，厚实着我的生活。这就是记录的力量，如果没有记录，我根本不知道一个月前发生了哪些感动我的事情。当我写下来，这些感动就成了永恒的存在。这个小小的习惯，就是在收藏生活中的幸福。这些细微的快乐，像春日的阳光温暖和煦，当我身处寒冬时，便将幸福拿出来晒晒。它们所散发的光芒和香气，让阴霾尽消。

我像一个勤勤恳恳的花农，骄傲地走在自己的花园里，每一件幸福小事都是开得刚刚好的花，小心翼翼摘下，轻轻晒干。在阴天的日子里，拿出一朵花。泡杯茶，在芳香四溢中感受生活的美妙。这些幸福提醒着我珍惜当下，守护身边人，因为我们常常把目光看得太长远，日常生活反而成为盲区。

幸福如果不被用心收藏，就会像流沙般溜走。当你总是抱怨生活不如意时，想一下，你把幸福留住了吗？不如尝试一下，从今天开始，每晚花一分钟的时间写下感恩日记。一段时间过后，回头翻看，其实每一天都很幸福。

△ 生活就像一份礼物

公益：绵薄之力，照亮一方

因为遇见过爱，所以想要传递爱。

2018年，我想开一个线下"爱妃"见面日。之前一直都是在网上交流，隔着空间和距离，所以我想要面对面和大家交流，看看喜欢我的人长着怎样的模样，过着怎样的生活。在我们宣传这个活动时，报名人数远超我的预期，现场火爆程度超乎想象。当我出现在现场时，真真切切地感受到了大家的热情，她们笑着喊着我的名字，围在我身边，要和我聊天合影。

站在会场上，我做了一个简短的演讲，掌声雷动中，看着每个女生脸上喜悦的表情，突然感到一种不真切的幸福感，云里雾里的虚幻感。开始思索，我为什么会被大家喜欢？又为什么会被大家支持？那一刻，我觉得自己好像有影响力了，而这种影响力来自于大家对"老钟"的热爱。

鲜花和掌声中，我听到来自内心深处一个清醒的声音："我不该局限自己，我是不是可以做更多的事情？"我想凭借这一点点的影响力，去帮助更多的人。把我所感受到的爱与幸福传播出去，这就是我做公益的初心。

线下见面会结束之后，我就策划了"钟宫宝贝计划"。做这个计划之前，团队其实出了很多种方案，有更为简单便捷的方式，比如向慈善基金会捐款。毫无疑问，这是最轻松的，但被我否定了。我要用自己微薄的力量，去为别人的生活带来一丝光亮和改变。如果我的捐款和别人的捐款一样，流入基金会的海洋，我就再也不知道这笔款项到底去了哪里，又进入了谁的生活，改变了谁的命运。那种形式主义的，只是捐一个数字的，不是我想要的。我并不是为了什么名气和噱头，而是想通过自己的力量，让这个世界上另一个地方的人们得到真实的改变，我的公益要有结果。

每个人来到这个世界，因为家庭环境和经济收入不同，会步入各种各样的生活，不一定是优渥的，还有很多贫困的。而这个世界上的贫穷，大部分都是知识匮乏造成的。一个穷人家的孩子拥有了知识，很可能就会改变一个家族的命运。更有甚者，会改变整个村子或者更大范围人的命运。知识是没有边界的，我所能做的，就是点亮一盏心灯，播下一粒种子。我们的"钟宫宝贝计划"就是帮扶贫困山区的孩子，建立一对一深度关系，为他们支付生活费和学费。

我们去了贵州一个偏僻山区，坑坑洼洼的土路，崎岖难行的山道，孩子们和牛羊跑在田野里。我来到村里唯一的学校，很是破旧，孩子们怯怯的表情下，抑制不住新奇的目光。他们的眼睛亮晶晶，清澈纯净。

我为孩子们发放了生活用品和书籍，告诉他们学习很重要，无论遇到何种困境，都不应该放弃学习的路。孩子们脸上绽放出天真烂漫的笑容，看着他们的笑脸，我反而更难过。

他们的父母为了生活，去沿海大城市打工，是社会经济的推动者，是历史发展进步的中坚力量。他们却只能由年迈的老人抚养，过最低水平的生活，在田野里和牛羊为伴，成为新一代的留守儿童。这种巨大的割裂感，让我非常难受。他们也是本该拥有幸福童年的孩子啊！

在和村长的交谈中我了解到，很多孩子因为生活困难，家里人不支持读书，很小就辍学，他们要么帮家里做农活，要么就去工厂打工，踏上父母的老路。

在我临走时，一个扎着羊角辫、穿着花衣裳的小姑娘，蹦蹦跳跳地来到我面前，她的手从背后伸出来，捧着一小束五颜六色的野花。她笑着说："姐姐，这是送你的。"我蹲下来，想抱她，她却后退了一步，低头说："衣裳脏，刚才摔在土里了。"我的心里涌动着一股莫名的情绪，还是忍住了眼泪，抱了抱可爱的小姑娘，她的身上有泥土的清香。我想变得更厉害后，去帮助更多这样的孩子。

在2020年疫情初期，我从电视上看到武汉医生们奋斗在一线，他们24小时工作，汗流浃背、体力透支，也舍不得休息，还面临着防护用品严重短缺的情况。我想尽办法，从韩国辗转购买了1万多个N94口罩，通过自己的物流渠道发回国内。当时国内口罩严重短缺，有人通过小道消息知道我手里有货，联系我，开出市场价的十倍收购，我断然拒绝了。

国难当头，怎可计较个人私利？

后来，太多人联系我，要买口罩，开出的价格一个比一个惊人。不胜其扰，我便直接拍了口罩照片，写上"只捐不卖"四个字，发到朋友圈。我找到湘潭医院地址，花了1万元的邮费，将口罩全部寄给了医护人员。他们收到捐赠后，还特意拍了感谢视频。在大是大非面前，我觉得个人的利益是微不足道的，我们整个国家就是一个团体，能为大家做一点小贡献，我觉得非常荣幸。

2021年7月20日晚上，我正在直播，突然看见一条留言："现在天灾人祸，你竟然还在直播？"我看着这条愤怒的留言，一头雾水，根本不知道发生了什么。因为一直在工作，我已经半天没有碰手机了。

一下直播，我赶紧问大家，出什么事了。这时，有个同事让我看新闻热搜，才知道郑州发大水了。百年一遇的大雨，淹没了很多地方。政府正在竭尽全力抢救，我的心也沉入谷底。第二天，我就赶紧召集员工，暂停手头工作，分工协作，一部分人买物资用品，另一部分人寻找运输渠道和接收渠道。我们密切关注河南受灾地区情况，并一一私信在河南的粉丝，看能帮到什么。经过两天的努力，我们买了一卡车的粮食物资，一千件救生衣和冲锋舟，紧急送到河南省鹤壁市的一线抢险救灾战士手中。后来，有个"爱妃"给我发了一张照片，上面是送到河南的抢险救灾物资。她在微信上说："我休息来当义工，搬救援物资，恰好搬到"钟宫"捐赠的物资，瞬间好亲切，真实缘分哇，不愧是我这么多年跟随的。作为河南鹤壁人，谢谢你。"我突然很感动，回复她："果然是我'后宫的女人'，都是又美丽又有爱，做义工要注意安全哦。"这就是人与人之间的联结。我为河南送物资，我的"爱妃"为河南当志愿者，这就是心连心吧，我们都在用自己的力量，为这个世界贡献一片心意。跟我们合作的顺丰物流得知是救援物资，还主动免去了物流费用。公益就是一份温暖的传递，一方有难，八方支援，告诉他们，坚持下去，祖国人民都是你的后盾。

其实，早在2008年，我就做过公益。那时，我刚结婚，第一次去了老公的家乡。他出生在一个非常偏僻的山村里，村里没有水泥路，一下雨，所有人只能在泥泞中艰难前行。孩子们上学

△ "老钟驾到"助援河南物资

也不方便，就会停课。看到这样的情形，我就自己掏钱，为这个村庄修建了第一条水泥路。路修好的那天，我看见村民们踩在水泥路上，非常开心。后来，我再去村里的时候，他们都把自己家的鸡蛋、鸭蛋给我送来，还自发给我修建了功德碑，我觉得非常惭愧。

　　普通人如何行善？不是非要捐款，非要做惊天动地的事。如果你也想为他人做些什么，请先成为一个对自己负责的人，不给别人制造麻烦，也是一种善。留意身边小事，如为老人让一个座位，少丢一次垃圾，成为一个志愿者，为身后的人主动打开门。虽是小事，但却对他人有益，也是在积攒善意。

　　社会是由个体组成的，成为一个平凡但是饱含善意的人，是一件非常了不起的事情。每个人闪着一点细碎光芒，我们就能汇成一片星空。善良的人组成一个家庭，善良的家庭组成一个城市，善良的城市组成一个善良而强大的国家。每个人举起善良的小小火炬，一点点照亮被忽略的黑暗角落。人人心明澄澈，如同一片明亮的湖面，我们从湖面走过，见己、见人、见众生。每个人的力量确实很渺小，但这不能阻止我们闪耀光芒。每人一点星光，14亿人民的爱，就是一条浩瀚璀璨的银河。

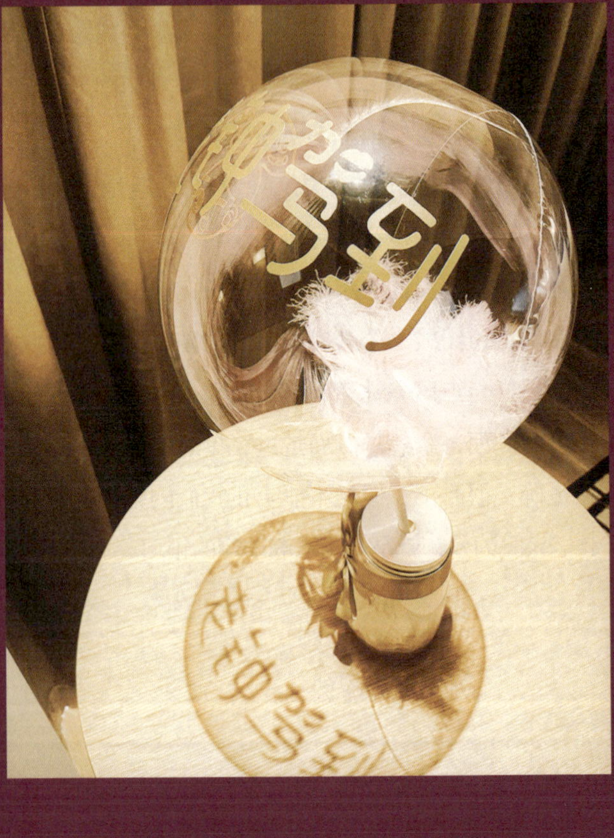

思维篇
专注到底

「我最欣赏的企业是"老干妈",终一世,忠一事。以不变应万变,从不变生万变。」

利他法则

曾有很多创业的朋友向我寻求经验,他们想要那种类似于可以独霸商业的终极秘籍。我将要说出的四个字,便是我一直以来还算小有成就的心法,那就是:极致利他。

听到这四个字的朋友都是满脸问号,他们想,创业的秘籍不该是如何找到市场蓝海,如何维护忠实用户,如何进行产品迭代创新吗?为什么是这看起来毫不相关的四个字?

极致利他,就是表面的意思——将利他进行到极致的程度。这个词你应该不陌生,但是你做到过吗?只有真正践行它的人,才明白做到是多么了不起的一件事。请记住,无论是从事什么行业,利己之前先利他。具体如何利他?我归结了三个原则。

1. 真诚待人

我第一次做淘宝时,偶尔在大学论坛上发几句广告,引来了第一批客户,人数不多,但是每个人我都是认真对待的。

某一天,突然很多人像浪潮般涌进我的店铺,比往常多很多。我非常诧异,于是问他们,是从哪里知道我店铺的。他们告诉了我一个非常美妙的名字：果冻。果冻是谁？我怀着强烈的好奇心去论坛找她，想看看到底是什么人。当我看到她的粉丝数量时，心里咯噔了一下，竟是一位护肤博主。果冻热衷于尝试各种新鲜的护肤品，并给出真实的反馈。有一次晒出护肤品照片，粉丝问她从哪里买的，她随口报了我的店名。于是，粉丝基于对她的信任，都来我的店铺买东西。

我很疑惑，她用过那么多的产品，从来不说店铺的名字。而我不认识她，也没给过她优惠或广告费，为什么会给我做广告呢？我私信果冻，询问原因："为什么在那么多的店铺中，推荐我呢？"没想到，果冻笑哈哈地回："因为你真诚。"听到这个回答，我开心地笑了。原来自己的真诚能够被看见。

每个来店的客户，我向来会耐心地回答所有问题，解决他们的疑惑，告知使用方法和禁忌。可能果冻也曾私信过我，她也许就是被我的耐心打动。

不久，风向突变。有几个网友发表了一些不实言论，说果冻就是店铺主人，和我是同一个人。她写护肤文章，就是为了给自己店铺打广告，自导自演欺骗网友。很多不明就里的网友跟风骂人，说话实在难听。我看不下去，替她感到委屈，明明一片好心，却被黑成这样。我每天上网，去每个骂她的帖子下留言，尽力解释。结果越抹越黑，网友觉得我在狡辩。

在那个2000年初的互联网世界里，我和果冻第一次感受到了网络暴力。我觉得很对不起果冻，她什么都没有做错，却要承受这样的骂名，心里特别难受。就在我一筹莫展时，很多曾经在我这里买过产品的顾客站了出来,他们在黑帖下留言,为我们澄清事实。

那时,网购付款不像现在这么便利。顾客通常先下单,还没有付款,我就已经提前把产品送到他们手里了。因为我信任他们,他们才在我遭受网暴时,自发为我站台洗刷罪名。

越来越多的帖子出现在论坛:"我买过她家的产品,我能证明,她们不是同一个人""她们都是好人"……我们素昧平生,可能就是一次网购的缘分,就能如此维护我。我感受到了善意,内心翻涌着感动,不知不觉就泪湿了。我对所有帮我们的人,说了一声真诚的感谢。

至此,网暴风波平息。

冷漠的人只能收获冷漠,温暖的人才能收获温暖。那是我第一次真切地体验到,原来真诚待人还能收到意想不到的惊喜。因为被陌生人善待过,所以我要求"老钟驾到"的工作人员,必须百分百对顾客真诚温暖。

有一次,晚上11点,客服主管即将下班时,突然看到一个客户连续发出了很多消息,并且头像换成了黑色。主管立刻查看消息,原来这个客户住在外地酒店,失恋了,非常伤心。我们的工作人员就赶紧问,感觉怎么样,还好吗。对方很沉默,主管继续暖心沟通,问出了酒店地址,并立即安排同城配送订了一束花送到了客户所在的酒店,附赠的卡片上写着"生活还有很多美好,值得你去发现,记得要好好爱自己,我们一直都在。"这个客户后来对我们说，当时打开门看到美丽的粉色玫瑰时，一下子哭出了声，太久没有这样感动了，她好像又看到了生活的美好和希望。

我们从来不把客户当成客户，我对所有人员的要求是，把客户当成最好的朋友。如果是你的朋友遇见了这些事，你该怎么处理呢？我们给客户带去的不仅是一份变美的秘密，更是一份温暖和爱意。真诚地对待你的客户，他们能感觉到。老钟驾到并不是他们买货的仓库，更是他们失落时可以诉说的朋友。

2. 换位思考

众所周知，现在很多淘宝店都是七天无条件退款。由于美妆产品的特殊性，只有满足七天不拆封的条件，才可以无理由退换。一旦打开，就不退换，这种情况也无可厚非。因为产品开封后，会影响第二次售卖。

但我的店铺做到了极致服务，我们是终身免费退款。意思就是，哪怕客户用完一瓶，私信找我说该产品有问题，我都会毫不犹豫地全额退款。在我提出这个建议时，几乎所有的同事都站出来反驳我："钟姐，这样就亏大了。"

是的，我知道他们的担忧是什么，这样的确会减少一部分的收益。但我换位思考了一下，如果我是顾客，我买了一瓶产品，在不打开不使用的情况下，只看外包装和说明书，如何知道这个产品是否适用于我呢？而一旦开用，就没有了退换余地。所以，美妆界的不拆封无理由退换就是个空摆设，没什么实际用处，顾客根本不会因为这个条款而获益。

我当时力排众议，提出实行终身免费退换制，就是怀着利他的心，给客户一个真正的福利，让他们购买产品时无后顾之忧。后来，从数据显示，只有很少一部分人会带着空瓶退换，对生意根本造不成大的影响。让人惊喜的是，客户反而因为这一制度增加了对我的信任，试用新产品时更加放心，从而提升了购买率。

看，我从利人出发，最后竟然也是帮助了自己。

我在公司一直坚持这个"极致利他"的理念，尤其在选品会上会反复强调。无论一个产品多么火，多少平台跟风种草，只要它不符合我们的选品标准，就不会上架。记得2019年时，全网风靡了一款面膜，小红书、微博、抖音等主流平台都在爆推，当然我们的选品团队也收到了来自品牌方的邀约，希望我们可以上这个产品。虽然当时有很多网红、明星为这一款产品背书，但我们依然按照我们的流程，做前期调研、安排试用、实测报告，等等。最后这款面膜的测评结果是：功效过于夸大。它说可以美白淡化细纹，但是实际的试用结果是补水保湿功效还行，美白效果一般，并不像宣传的那么好。所以，它的风头再盛，名气再大，拿货的成本再低，我也是直接否决，不会上架的。

我们的品控部有十几位专员，但其他团队成员也会参与选品。因为每一款产品的功效、性能不同，适应的肤质也不同，用于测试的肤质自然是越全越好。所有团队成员的肤质在品控部都有分类，如干性皮肤、油性皮肤、混合性皮肤、敏感性皮肤等，大家有针对性地试用产品，然后给出反馈报告。

有时候一些合作方来公司参观，看到我们的男同胞们上班时间在敷面膜、擦面霜，会开玩笑道："老钟，你们的员工还挺会保养的哈，男生都会敷面膜！"我假装严肃地说："嗯！这是政治任务，大家在试用新品呢！"所以在我们公司，工作时间护肤是正常的。

我们经手的产品，首先要求合法合规、资质齐全，这是客户利益最基础的保证。然后需要几十个人同时试用，好评率达到90%才会进入下一环节，所以很多产品会在这个阶段被枪毙。初选过后的产品，送到我手里复选，我会亲自试用。即使品控部的人觉得不错，但我发现没有太大功效时，也会使用一票否决权。而且我们的试用报告会反馈给品牌方，作为他们改进和升级产品的参考。

我们的选品标准有多严格呢？利润大但没效果的产品，不要；效果好但有可能致敏的，不要；不能适合所有肤质的，不要。坚持顾客至上的原则，只看产品能解决顾客什么问题，能给顾客带来什么美的改变。为此，我经常拒绝那些风头很劲，效果却不太好的产品。有时候全网都在推同一款产品，你就要警惕，很可能是背后的资本在运作，而不一定是产品有多好。坚守"为女人选好物"的初心，我就能坚定地拒绝这些诱惑。

所以，一次选品最少要经历970个小时的打磨，层层筛选，才能上架到我们的店铺。

为了了解客户需求，我们会做很多的客户调研，包括定期给客户发调研信和收集用户评论等。吃透用户的心理，准确定位和划分用户的需求，我们才能为大众更好地选品。为了追求产品的真实性，我还跑遍了全球各国去追根溯源。亲自飞到产品发源地，和品牌方交涉，看产地、看工厂、看成分、看品质。我一定要让大家用上最经济、最实用的产品，而不是那些花里胡哨、华而不实的。

　　这就是为什么我敢实行空瓶退货的原因，所有产品都是严格筛选过的，出现问题的几率并不大。如此，顾客用了我推荐的东西，真心觉得很不错，成为铁粉，我的公司才能够发展。我最长久的铁粉，跟了我13年。13年足以让一个婴儿长大，但他们依然风雨无阻地跟着我，这就是"老钟驾到"利他的动力。

△产地溯源（上德国，下左武汉，下右广州）

前段时间，三亚免税店来找我，让我在店里进行直播带货。我一听很感兴趣，如果能让我的客户用低价买到免税店的产品，也很不错。结果在商讨细节的时候，我犹豫了。因为对方根本没有任何折扣或者赠品，说明其价格是没有优势的，反而很可能比别的渠道更贵。虽然我知道，我的客户会买单，但是我有责任捍卫我"爱妃"的钱包，绝对不能让他们在我的直播间买贵。

所以，这场邀请我干脆利落地拒绝了。虽然做一场直播就可以给我一个推广大使的头衔，或许可以为公司更好地背书，但是我不要这个所谓的荣誉。对我来说，我的客户利益才最重要，建立信任需要好几年，而摧毁信任只需要几秒钟。我很珍惜自己的羽毛，爱惜自己的品牌。

3. 学会让利

让利是普适性的，对合作方如此，对同事员工如此，对客户也是如此。

当前任总经理离职后，我全面接管和运营公司，改善了员工的福利。其中有个小细节，让我如鲠在喉。之前的规定是，员工差旅报销的饭钱，上限是每顿30元。但依据我自己的真实经历，当误机滞留机场时，随便一顿饭最少要50元。如果员工辛辛苦苦为公司出差干活，还需要自掏腰包才能吃饱饭，这是多么残酷的事。于是，我当即决定大幅度提高差旅报销费用，让大家出差工作更开心。我相信我的员工，正如同他们信任我。

而且，我们公司的工资水平，比珠海其他同岗位的工资高出百分之二十。这多出来的百分之二十，就是我的让利，提高员工的生活幸福感，也是我当尽的义务。如果他们跟着我打拼事业，却连生活都搞不定，我又于心何忍呢？

让利于客户，甚至成为了我的铁则。

很多传统行业的商家认为要用很多资金去投广告、买流量，但其实这些钱花在客户身上，能带来更多的回报。我们每年用于粉丝运营的成本便高达500万元，日常送出的福利有七位数之多，包括生日、情人节、"9·20"爱妃日、"6·18"、"双11"等节日福利。全套服务体系覆盖全店产品，充分保障客户的终身权益。我期望店铺与客户之间不仅是产品的联结，更多的是情感的联结。

△ 每年给"爱妃们"的"家书"

我在珠海开了一家线下美容店。很多美容店在想方设法地做高收益的项目，我却主动放弃了这块肥田。利润高的项目，不做；手术类的项目，不做。哪怕是司空见惯的低风险双眼皮、抽脂等小项目，我也统统不做。这些项目虽然利润可观，但都存在不可控的风险。我的私心就是，不想把客户送上手术台。因为所有的手术都是不可逆的，再厉害的医生都不可能保证百分之百的成功，一次失败影响的就是一个人的全部人生。我有自己的底线，不赚让自己不开心的钱。我只做全球最先进的轻医美，让顾客零风险变美。他们知道我不是唯利是图的人，才能信任我。

当我看到门店数据时，惊讶地发现，三年来，竟然有很多从全国各地飞来的顾客。他们买了昂贵的机票，坐好几个小时的飞机来到珠海，可能只是为了做一个热玛吉。这机票费用都比美容费贵很多啊。他们当然知道在当地做会更划算，但是他们信任我、爱护我，所以才会千里迢迢地过来。为了这份沉甸甸的信任，我一直计划在别的城市开设分店，以减少客户花在交通上的时间和成本，节省精力。最近选定了杭州，目前正在积极筹备中。

无论是真诚待人、换位思考，还是坚持让利，本质都是利他主义。利他是最高级的事业。我的初心就是想给不知道怎么变美的女人找个捷径，想让迷失的女人回归正途，真心实意地想帮助她们。现在这个社会套路太多了，根本不缺聪明的人，所以真诚利他才显得尤为可贵。

学会适度吃亏，其实是一件好事。残酷的真相是，当你为那几分钱的利益而斤斤计较、洋洋得意时，你已经失去了所有人的爱与信任。得人心者得天下，若无人心，独自一人很难成事。没有人喜欢精致利己的人，你的利己会让自己的空间越来越狭窄，最终囚禁自己。

　　我在考虑所有事情时，会先考虑别人的利益：我的产品能不能解决客户的问题，我的团队能不能赚钱，我的孩子愿不愿意去做这件事。利己是低级的，是将所有的利益收归自己囊中，会被人所厌弃；而利他是高级的，是将自己的利益分给众人，会被人拥护。当众人拥护你的时候，疆域才能扩大。

　　无我利他，才能所向披靡。

舍得法则

我也曾经迷失过。前几年，整个互联网界似乎迎来了流量时代，各种不同的流量平台层出不穷，如抖音、快手、小红书等，纷纷在宣传自己的流量优势；就和流量明星一样，有热度、有曝光率，所以更吸金。当时我想，我们也需要更多的曝光和流量的加持呀。于是，我们将80%的人力、物力和时间都投入在了新用户的引流获取上。比如，做一些活动，请一些有流量的明星或品牌来造势；我自己也几乎天天在直播，去年365天我一共直播了310场，直播时长总计55 000多分钟。说实话，真的非常的累。

但是，最后的收益和投入并没有成正比。我发现各个渠道吸收到的新客户对于整体业务的贡献并不高，还出现了诸多问题。其一，大部分新流量不够精准，导致我们维护不起来，成本非常高。其二，我们请来的流量明星或者品牌，带来的流量都是他们的粉丝来凑热闹，基本上不会成为我们的老客户。因为不了解，所以不会马上信任，产生联结。

我们真实地验证了"二八原则"：实际上是30%的老客户贡献了50%以上的收入，可以毫不夸张地说，"老钟驾到"就是由这批老客户支撑的。很多老客户都追随我很久了，有的追随了十多年。我们却弃旧恋新，错移了关注重点，真的是捡了芝麻丢了西瓜，这个结果让我非常惭愧。

一路走来，我见过太多人倒在黎明前的黑暗中，不是因为缺少目标，而是因为贪心，不肯放过途中的任何一点利益。他们在前行中被诱惑，一次次改变了航道，偏离自己的方向，最终迷失在寒风中，找不到最初的目标，疲惫不堪后轰然倒塌。

每个人一天的时间都是24小时，每个人的一生都是有定数的，每个人的能量和精力也是有限的。如果你想要的太多，眉毛胡子一起抓，反而找不到重点，得不到酬报。通常什么都想要的人，什么都得不到。学会取舍，也是我们必须要做的修行。

1. 寻找失落的明珠

在我们传统的教育中，要求孩子一直听大人的话、守大人的规矩。等他们长大后，自然缺乏独立思考的意识。小时候压抑孩子的好奇和探索，长大后期望他一朝独立，这就是我们教育的割裂。这和播下鸡冠花的种子，却想收获一园玫瑰，有何区别？所有的果，皆源于我们播下的因。

一旦走出校园，面对庞大未知的世界，没有人告诉你规则是什么，没有人给你划出重点，没有人告诉你如何才能考高分。我们习惯了做题，习惯了条条框框的定律。然而，真实的成人世界里，没有定律和公式，必须自我摸索和野蛮成长。有人变得迷茫怅惘，徘徊踌躇，东西南北不知该往哪个方向前行。

这时，很容易被周围人影响。看第一个朋友做这个，觉得不错，那我也做这个吧；做了一段时间，看见另一个朋友在做那个，那我也去吧。尤其在网络时代，我们能看到更广阔的世界，看到更多不同的生活方式，这意味着能影响和干扰我们的因素更多了。

这对于心志坚定、知道所求的人来说，是一件好事，他们可以从不同的人生样本中，选择适合自己的；但是对于心智不成熟、左右摇摆的人来说，就是一个毒瘤，他们每天同时被很多人影响，头脑更混沌。常常每件事情都只开了头，最后都半途而废，白白浪费了大好年华不说，看别人风生水起、得意万分，更觉得自己做啥啥不行，一事无成怕是个废物。由此产生"躺平"的念头——既然啥都不行，还不如躺平，吹冷气、吃西瓜。

究其原因，是根本就不认识自己。你是谁？你真的了解自己吗？我非常了解自己不是多么贪心的人，并不想要在很多行业立足，只想扎扎实实地"为女人选好物"，让女人成为更美好的样子，让她们爱上自己，拥有更美好的生活，这便是我每天最重要的事。

你问，如何找到自己的"明珠"呢？如何在繁杂的信息中，保持独立思考和思辨的能力？首先，关闭所有的信息通道，坐下来，定一定。然后，诚实地叩问自己的内心，你喜欢做什么？你能做什么？你想成为什么样的人？你觉得把自己极度珍贵的一生时间，用在哪里才不算是浪费？

剥离开俗世的束缚和干扰，擦拭掉层层叠叠的污垢后，你会看见心底升起一颗明珠，它闪耀着、璀璨着，这便是你的使命和价值所在。这颗明珠才是你真正的事业，这是一看见就热血沸腾，撸起袖子就想实现的目标。去找到它，这是一个人一生中最重要的事情，但往往没有老师教这一点。

2. 擦拭你的明珠

久不被眷顾的明珠，会蒙尘。擦拭你的明珠，让它每天熠熠发光，照醒昏睡的你。你的目标就是你的导航，抓好它，别丢了。你可能会不屑一顾，怎么可能丢了自己的目标？事实上，你会的。回想一下，你上次定目标是什么时候？我相信每个新年伊始，你都定过一个目标，而每次又能坚持多久呢？一个月，还是两个月？据我观察，大多数人能坚持三天，长的能坚持一周，再长的时间，也就没有了。

我们都喜欢定目标时的激情和热情，沉迷于实现目标时的美好幻觉。而却忘了，目标的实现需要每天持之以恒的行动。

你给自己的目标设定的期限是多久？以五年为例，那么每年又该达到什么阶段？从结果倒推出需付出的行动，再把所有的行动拆分为每日行动。每天的任务不要过于繁杂，避免自己失去耐心。这每日行动便是24小时内最重要的事，必须做完它，才算是过完了今天。

你的每日行动是什么？你把它写在哪里了？千万别写在精美的笔记本里，束之高阁，一年看一次。要写在便利贴上，贴在床头、书桌、厨房、目之所及的地方。这样才能反复提醒自己，必须去做这件事情。只要你完成这个每日行动，日积月累，就能看到巨大的改变。长远来看，这件事关乎的不是你的一天，而是你的一生。总有人想着要改变自己一生的命运，这个愿望看似宏大，其实并不难，我告诉你这个秘密，你会做吗？那就是去做你最重要的每日行动，一天不落。要知道，能改变无数个一天，才能改变由一天汇总成的一生。

所以，每天醒来，先要迎着清晨的阳光，问候一次明珠。快乐地看着它的光芒，开启能量满满的一天。

3. 对劣石说"不"

你猜我每天说得最多的字词是什么？

是"不"。

当不重要的人给我打电话，约饭局时，我会说"不"；当面临巨额利润但是功效不明显的产品时，我会说"不"；当员工又提出新的想法而不符合公司理念时，我会说"不"；当琐碎小事来干扰工作时，我会说"不"。

不仅要对他人说"不"，甚至还要对自己说"不"。当贪婪在内心躁动时，我会说"不"。拒绝它，才能不被其控制。每年说够几千个"不"，才算是对目标负责。每一个"不"字都是岔路口的禁行牌，它们成功堵住了我偏离正路的可能性。不敢想象，如果没有"不"，我可能早就走到荒郊野岭去了。

每次开选品会的时候，品控部把选定的产品拿到我面前，我说得最多的话就是："核心成分是什么？能解决什么问题？价格是多少？有多少优惠？下一个，下一个。"所以，我们品控的小伙伴经常会被我逼疯，她们说最难的不是找产品，而是找到符合我标准的产品。我的每一次拒绝，都是在守护内心最重要的事情。

比如，我们5月份上架了某品牌的花胶，但准备工作在年初就开始了。选品团队提供了很多供应商，在此期间我说了无数个"不"字。资质不全的不行，年份不合格的也不行，最终选出3家供应商，进入下一轮复选。选品团队让他们寄出样品，分给"内务府"的同事试吃，考察口感和功效，然后生成试吃报告。好评率达到95%以上的，再做第二次背调，包括去官方网站查备案编

△ 终选亲自把关

△ 每个环节，一丝不苟

号，去社交媒体看看是否有人投诉过，有没有出现过一些风险。如果上过消费者保护协会的黑名单，或有被工商局处罚的记录，被国家级权威机构判定有问题的，那我们肯定是不会碰了。我在一级级把关时，心里最重要的事，就是选出精品中的精品，为用户的利益负责。

  我们生命的能量是有限的，当你把精力浪费在不重要的事情上，必然会减少花费在重要事情上的精力。此多彼少，所以"舍"是为了更好地"得"。人生不是要面面俱到，而是只要做好最重要的事，剩下次重要的事情也会迎刃而解。

  我们管理目标之前，先要管理内心的欲望。欲望是只魔兽，它会持续不断地告诉你，做这件事，你能得到什么利益，能得到什么快乐。人心是最难经得起诱惑的，否则就不会有那么多减肥失败的人了。魔兽叫嚣着、咆哮着、引诱着，我们终其一生，不过就是时时刻刻与它较量。欲壑难填，当你一松懈，它就会把你拉入湖底。保持警惕，把自己的明珠挂在心头，坚定不移地擦拭它、照亮它。

时刻要问自己：这件事是最重要的吗？这件事比明珠还要重要吗？这句话的答案，就是你的制胜武器。你舍弃了什么，相应地就会得到什么。如果什么都不愿舍弃，最终舍弃的便是自己的目标和生命。

这个世界上不缺少机会和成功，但只留给懂得舍弃、坚持做最重要事的人。想要一切，那是绝无可能的。我们的一生只有三万多天，看起来很长，其实稍纵即逝。每一天过去，你就流逝了这三万分之一的生命。如果只能选择一个都做不好，和只做好一个，我会选择后者。

人脉法则

一时间,好像所有人都在谈论人脉的重要性。那什么是人脉?又应当如何建立人脉?我想讲两个故事,这是两个发生在同样场景里的不同故事。

五年前,我受邀参加一个大型商业活动,心里非常激动,还隆重打扮了一番。走到会场后,人山人海,都是俊男靓女。看见了很多在网上非常厉害的人,可是没人认识我。因为那时,我的公司还处在低谷阶段,没有实力。我坐在会场的一个角落,看着那些品牌公关围着当时炙手可热的红人,一杯杯敬酒,一脸脸笑容,聊得热火朝天。路人从我身边匆忙走过,少有停留。终于有个人靠近我,问我是谁,我说是易购美颜,对方摇摇头说不认识,眼神中透露着不屑,扭头也挤进了那一堆热闹的人群中。彩灯如云,美酒佳肴,我摇着手里的那杯香槟,一饮而尽,欢声笑语和我有什么关系?我只是一个坐冷板凳的人。

三年前,同样也是受邀参加某个活动。心态已经平稳很多,云淡风轻,没有刻意装扮,还想着躲在某个角落静悄悄看这浮华喧嚣。没想到,我刚进了会场,就见很多品牌公关快步向我走来,他们亲热地喊着:"钟姐来了!钟姐今天好美!"他们主动要我的微信号,要加我好友。他们嘘寒问暖把我照顾得无微不至,我才明白,原来众星捧月是这种感觉。那些我曾经以为高不可攀的人,都会主动上前和我敬酒。推杯换盏中,有些恍惚,仿佛看到了两年前曾经坐冷板凳的我。

同年,"老钟驾到"开年会,因为场地有限,所以特意限制了人数,只邀请了一些关系比较好的品牌方。但那些没有收到邀请的品牌方非常失落,他们想尽办法要进来。有人甚至花了2万元才辗转得到入场券,只是为了见到我。

我还是那个我,我并没有变,为什么待遇却天差地别呢?从曾经的路人不识,到后来的众人追捧,究竟发生了什么变化?关于人脉,我想告诉你这三点。

1. 没有实力前,别忙着混圈子

这种情况并不少见,年轻人下班后奔波于各种饭局、各个酒吧里,和一群第一次见面的人待在一起,装作自来熟,指点江山、壮志凌云,谈论着商业版图、国家大局。三杯酒下肚,牛皮满天飞。吃吃喝喝的场所里,真真假假的言谈中,全是心知肚明的虚与委蛇。

第二天酒醒后,那些昨晚还在掏心掏肺、称兄道弟的人,这一辈子可能就见那么一次。那些沉默的微信号躺在你的手机里,从来都不会发一条信息。当你逢年过节群发祝福时,才发现对方早已将你删除。当你刻意追求人脉,那种卑微谄媚的姿态,真的很丑。

　　混圈子，走饭局，以为打个照面别人就能记住你，还真把自己当成人民币了？这种所谓的社交是无效的，只是在浪费生命而已，还不如一个人静静地在家泡杯茶、看会儿书，或者找个老朋友唠唠嗑。

　　很多人都想要去巴结那些牛人，以为喝两杯酒，就开始推心置腹链接资源，能够走上人生巅峰了。人都是慕强的物种，我们总喜欢仰慕比自己强大的人，鄙视不如自己的人。没有实力的你，站在厉害的人面前，你仰视他，而他俯视你。想一想，被俯视的你，如何得到应有的尊重和肯定呢？

　　很多人都有一种误解，认为认识厉害的人，自己也会变得厉害。事实上，让厉害的人以认识你为荣，才是最厉害的。更好笑的是，那些你以为的牛人可能只是伪装出来的，他们也只是包装了一下自己，想要出来混圈子结识人而已。他们的目的和你是一样的，一群想要资源的人聚在一起，又能碰撞出什么火花呢？真正的大佬都是低调的，他们不会张扬地和一群人社交。

　　无效社交，浪费的不仅是你的时间，更是你以为这个世界可以走捷径而放弃的努力。你本可以用这些时间来提升实力，但却错误地用它来维系所谓的人脉。年轻人一旦接受这个观念，便很难修正。

2. 提高实力，人脉自来

从我刚才讲的小故事里，你也能看出来，为什么我还是我，却能从冷板凳坐到热板凳呢？是因为实力变强大了。他们看中的并不是你这个人本身，而是你的公司、你的位置、你的资源。我不再是从前那个濒临倒闭的"易购美颜"，而是一个冉冉升起的电商新星"老钟驾到"。业绩翻了很多倍，我的公司一下子从默默无闻冲到大众视野里。我的实力就是我的数据，数据是最诚实的。

那段日子，微信上突然涌现出很多陌生人找我。你若盛开，蜂蝶自来。当时的我觉得这就是社交，这就是人脉。对方发了微信，那我就必须回复，否则觉得不太尊重人。直到有一天，我把一下午的时间浪费在了微信上，和各种不熟的人聊天。他们都是各种套近乎、扯关系，诉说着和我并不存在的美好友谊。讽刺的是，在此之前我们根本不认识。而他们和我聊天的目的，不限于向我借钱的，向我要资源的，还有一些理直气壮让我帮助他的。后来才发现，盛开的花吸引的蜂蝶，不一定是好的，也有可能是来扎人的。

当然，也有很多贵人出现，带给了我很大的帮助，与此同时，我也给予了他们想要的东西。这时我才知道，当你想要人脉的时候，还不如站在人群中最高的地方。当你最显眼时，贵人才有可能看到你。

人脉不是你认识了多少牛人，而是多少牛人需要你。当对方需要你的时候，你和他才有合作的可能性。双方的资源和实力旗鼓相当，才是对等交流的关系。若你实力很低，是个小透明，很容易被人俯视，这时候是没有话语权的。拔高你的事业，即使坐于家中，你的人脉也将从四面八方而来。有句话说得好："贫在闹市无人问，富在深山有远亲。"

人脉不是追求来的，越追越能暴露内心的寡陋，人脉遵循的是吸引力法则。你越弱，吸引的便是弱者；你越强，吸引的便是强者。

3. 保持清醒

你现在的人脉会跟随你一辈子吗？没人敢打包票。站得越高，我越要保持高度的清醒。鲜花掌声越多，我的危机感越重。因为若是摔跤，便是万丈深渊。我对自己有非常清醒的认知，如果哪天做不好，便会一无所有。我不是生来就含金勺子，而是从坐了很多年冷板凳走过来的。从低谷到高峰，我在一步步攀爬中，见识过不同的风景。

所谓高光，意味着闪耀却不长久。我并不想要人生高光，我只想踏踏实实做事，静水方能流深。我已经得到很多了，站在众人之上时，要懂得敬畏。我是一个永远不会飘的人，因为没有那个雄厚的资本垫底。今天所有的成绩都是用生命打拼出来的，从来没有以为自己有多厉害。我不想贪婪地索取更多，只是每天做好手头的事情，想一想，还能给大家带来什么样的价值。

当你站到高处，骄傲、虚荣的心很有可能引来一场龙卷风；当你处于旋涡中心，很有可能被摧毁。听过一句话："你的天赋决定上限，你的努力决定下限，而你的品行决定底线"。不管站在哪里，保持一颗清醒的心，知道自己是从冷板凳而来，知道这个世界瞬息万变，那你便不会心生妄念。

单方的依赖，并不是人脉；双方的共赢，才是人脉。人脉的本质其实是互助互换，你的鲜花换我的蜜糖，若我没有蜜糖，又用什么交换呢？如果别人帮助了你，那你也要在别人需要时伸出援助之手，这是一个平等交换的过程。

夯实自己的能力，提高自己的实力，你的人脉便会像长江之水滔滔而来。如此，也便知道，水能载舟亦能覆舟，谨慎辨别，谨慎运用。别错把追求人脉当成最重要的事，那才是因小失大了。

焦虑处方

如果有人说，他从来没有焦虑过，那我铁定不信。我也曾焦虑过，为钱、为家、为工作、为娃、为己、为公司。那些起起伏伏的焦虑，像山丘般连绵着、延伸着，也构成了我人生的一部分。我是如何度过那些日子的？半夜烦躁睡不着，数羊数到一万只，直至熬出黎明的曙光；什么事都不想做，一天滴水不进也不饿；在家躺着换十个地方，给好朋友打电话。我不能假装忘掉这些日子，这也是我的经历，亦是我的收获。

不管是贫穷还是富有，不管是高官还是贫民，我们总会在某个时刻或多或少地有过焦虑情绪。焦虑如同阴天的雨，时不时就会来一场，没有预告猝不及防。只不过，多数小雨淅沥，偶尔大雨滂沱。但我的焦虑每次都不会持续很久，还能自愈。如何停下焦虑的雨？如何迎来雨后的美丽彩虹？在这方面，我也算是实践出真知。

1. 允许失败，接纳自我

你有没有过这样的时刻，看到别人被众星捧月而自己毫无成绩时，会想为什么我这么失败；看到别人进步飞速而自己止步不前时，会想为什么我这么笨；看到别人功成名就而自己颗粒无收时，会一下子失掉信心。

为什么别人都可以，而我就是不行呢？为什么我会把这件事搞砸呢？为什么别人都很幸福只有自己不快乐呢？后悔、自卑、恼怒、失望、怨恨等负面情绪，像水草一样蔓延、缠绕于心，让人时常在否定和放弃自我的边缘徘徊。

如果你有过以上想法，那么恭喜，你是一个正常人。因为这些想法时刻晃荡在每个人的脑海里，凡是正常人都会有艰难时刻，包括我。但大家都倾向于展现自己光鲜亮丽的那一面，掩饰自己暗夜焦灼的时刻，以至于给人造成一种他人皆成功，独我很无能的错觉。在这种不恰当的对比下，我们更无法坦然接受自己的平凡。

△ 第一次直播前，焦虑到想打退堂鼓

如果你是那种非常需要外在肯定的人，在没有做好事情时，就非常容易焦虑。因为你知道自己可能无法再继续得到认可，而这正是你需要的东西。当你产生焦虑心理，消极情绪又会对工作产生负面影响，如此形成恶性循环。

后来，我就摸索出了一个模式，一旦发觉自己情绪波动，开始焦虑，就温柔地告诉自己："没关系，我是一个普通人，并不是无所不能的神。"

只要是人，必有弱点。当我这样告诉自己后，长舒一口气，开始放松，身心舒展，内心也在接纳自己。我允许自己做不到某些事情，允许自己没有别人那么厉害，允许自己有缺点和不完美，允许自己不是时时刻刻都成功。

不要高估自己的能力，不要以为这个世界是那么容易成功。接纳自己的缺点比接受优点难上百倍，但我们不得不承认，人各有异，有的人就是在某个领域天赋异禀，我们无法超越。过高的期望会让自己无法接受落差，从而导致心理疾病。

从接纳自己的普通开始，从身心舒展开始，做一个不焦躁、不拧巴的人。与此同时，也要看到自己性格的闪光点。前几年，有很多人从美妆圈离开，他们还来劝我，不如去做其他行业。我拒绝了，因为发自内心地热爱自己现在的事业。但看着她们勇敢去闯，我也有点焦虑，自己是不是太保守了。但是后来我发现，自己的性格就是这样的，稳扎稳打，其实是优点，并非缺点。所以，同一种性格，从不同的维度来看，可以做出不同的评价。我们要看到自己另一方面的闪光点，相信自己的选择，才不会焦虑。

2. 慢慢来，比较快

安迪·沃霍尔说过："每个人都可以成名15分钟。"这话说的就是现在的互联网实况。的确，我们每天都能看到，很多人以非常不可思议的方式，迅速出名然后成功。一夜爆红的例子数不胜数，会让人产生一种幻觉，好像我也可以得到这种好运。

妄念会让你变得轻飘飘，仿佛不用任何努力就可以成功。但你只看到了果，果之前必定有因。这个背后的因是什么，却常常被大家刻意忽略。这是典型的幸存者偏差，世界人口那么多，每天凭着好运而出名的可能就那么几个；而你没看到的那些，倒在出名路上的人，太多了。

总是研究风口在哪里、机遇在哪里，怎么可能有时间沉淀自己的能力呢？任何一个行业、任何一个领域都有顶尖的人物。你要研究的并不是投机取巧，而是那些顶尖人物的硬本领，然后学习。学习到硬本领，再研究路径，这样不管机遇何时来，你都有能力把握住。

我们说不急于求成的重点，在于"不急"。给自己一个预判，我不需要在五分钟内成功，但我可以在五年内做出点什么成绩来。放慢速度，并不是让你真的慢下来，而是不要为了一味地追求速度，而丧失了应有的质量。努力研究规则并没有错，但只想着提高技巧却忽略专业，是非常可怕的。

有人说，可以登上金字塔的动物只有两种，一种是雄鹰，一种是蜗牛。这个故事给了我很大启发。雄鹰在生活中就是那种天选之人，他们的成功可能来自于天赋、资源、背景，等等。我们普通人是无法超越的，但并不代表我们丧失了成功的希望。别忘了蜗牛也能登上高高的金字塔，它或许很慢，或许需要很长的时间，但它做到了。蜗牛会因为雄鹰的速度而产生焦虑吗？肯定不会，因为它内心笃定，只要坚持，就能成功。

站在金字塔上的蜗牛，和雄鹰比肩。

蜗牛，就是现实生活中的你和我。我们可能没有过人的天赋，没有雄厚的资源，没有背景的支持，但是有坚毅的决心，有持续的行动力。日复一日，别人懒散，我们前进，哪怕每天走几厘米呢，只要盯着目标不放弃，总有一天能抵达。那些一味追求快的人，往往在开始时用力过猛，付出太多，看不到与之匹配的成果，就容易沮丧和焦虑。就像跑马拉松，开始跑得快的人，一定没法赢；反而那些提前规划好时间，全程不急不躁，按照既定速度跑的人，才是赢家。

我在做公司的这些年，经常看到很多一夜成名的神话。但我知道，任何偶然的成功，都是厚积薄发。踏踏实实做好手头的事情，做好每一场活动，服务好每一个客户，才能提升我的实力。

成长不是一朝一夕的事，大多数人在脑海里夸大了自己一天的成长速度，却低估了一年的成长速度。慢慢来，比较快。一天天地慢慢来，累积一年也是非常厉害的速度。与其等待那些不靠谱的风险机会，不如踏踏实实地耕耘自己的地，相信收获终将到来。

3. 低头赶路，抬头看星

  我听过一个房地产公司老板发家的故事，印象深刻。他以前是一个蹬三轮车的送水工，80年代中期来到广东打工。起初只是想摆个早点摊做做，后来闲逛时看到一家批发游戏机的店。他琢磨着，如果老家也开一家这样的店，兴许能赚钱。于是，打听了机子价钱和物流问题后，在刚来广州不到一个月，就又回到老家。向亲戚东挪西借凑了点本钱，购了5台机子，开起街机厅。

  这个决定让他的人生翻身了。后到90年代末，流行上网时，他又果断地卖了街机厅，开起网吧。从一间10台电脑的小网吧，一直连续开到13家连锁网吧。再后来，房地产业兴起时，他又当机立断地投入房地产业，赚得盆满钵满成为大亨。回顾他的创业史，有人问他："你怎么知道当时的决定是对的，你不怕失败吗？"他回答道："怕，你怕别人也怕，大家都怕的时候才有机会。你做得早，市场就可能是你的，稍微晚一点点，可能连口热乎的汤都喝不上了。"

  空想谁都会，实现只属于行动的人。一条路当你想从出发点到达终点，最好的方法是什么？那就是低头赶路。去做，不要止步于想象。我看过太多站在岸边观望的人，永远不舍得跳下水去做，还焦虑得不得了，万一失败了怎么办。不去做，只空想，不焦虑才怪。想三年不如做三天，扑进去折腾一下，你就没有时间再焦虑了。

　　有人认为，我努力了一个月，必定要干出点什么成绩。一旦现实没有回馈想要的结果，就灰心丧气，败下阵来。焦虑源于对自己认知的失调，想象中的能力高于现实中的能力，所以是没有理性规划。正确的做法是从起点到终点之间画一条线，分好阶段；每个阶段给自己定一个预估的时间，在这个时间段里踏踏实实去做，一步步向前。当你焦躁时，抬头看看目标；即使失败，也不要随意批判自己。这个世界已经很难了，对自己好点不行吗？你是最爱自己的人，所以才要包容肉身的种种难处。

　　焦虑的本质是对自我的怀疑，怕自己做不好，怕别人对自己失望，怕这辈子一事无成，等等。它是对自己的惩罚。焦虑情绪是无法永久摆脱的，总会隔三差五地找上门。但现在的我已经可以和它和平相处，并对它坦然地说："别人不差，我也很好。"我不是成功，就是在去成功的路上嘛。

　　焦虑来临时，请记得：它只是一场雨，不管多大，总有停的那一刻。风雨过后，天蓝海清。再说，听听雨声，看雨打芭蕉、雨落残荷，也是别具一格的风景。

死磕精神

在工作中，免不了遭遇各种各样的竞争，明争暗斗、刀光剑影，我需要时时提防吗？这可能是很多人的心结。我开公司后，就有朋友说，你看这家公司爆火了，那家公司没落了。我后来告诉他："我不看别人，只看自己。"死命磕自己，一心只向前，这样才能立于不败之地。

1. 收回你稀缺的注意力

在工作中，很多人把同事自动列入潜在的竞争对手名单。如此一来，自己所有的注意力都集中在他人身上，看他今天做了什么，说了什么，学习了什么，和谁关系好，是不是偷偷向领导打小报告。试问一下，这样天天紧张别人的你，还有多少心思放在工作上？还有时间提升你的专业吗？如果你有一百个同事，你看得过来吗？

注意力就是生命中最宝贵的东西，我们把如此稀缺的资源放在他人身上，这本身就是很愚蠢的损耗。说句扎心的话，如果你的能力不行，即使不提拔其他同事，也不会轮到你呀！

从众是人的本能，想要违反本能是非常艰难的事情。正因如此，关注自身才显得更为可贵。要相信，在职场，你的能力和闪光点终究会被看见。如果你没有被看见，说明你还没有足够的能力。

当他人都在伸着脖子密切关注别人时，你正悄悄积攒实力，为逆袭做准备。不以和他人竞争为目的，把注意力凝聚在自身。审视自己的长板和短板，深挖自己本身的不足，找出可以提升的版块，制订一个改变计划，然后踏踏实实地去执行，下够苦功夫，得到反馈之后，再去修正调整策略，反复实践。当你把竞争对手定为昨天的自己，而不是周边同事，就会更加关注自身成长。只要今天比昨天进步一点，那你就战胜了自己。

一个公司80%的人都是没有斗志的，还有一些人在摸鱼偷懒。实际上，只要你保持旺盛的学习力，掌握正确的学习方法，成长速度会非常快。把你的长板加固、加长，做成护城河，你就会成为公司最不可被替代的人。那时，还怕被替掉吗？

中国的电商千千万万个，如果我一直在关注别人怎么做，那根本就没有时间做自己的事情了。因此，我只关注自己的一亩三分地，如何给用户提供更有效果的产品，如何给用户更好的体验感受，如何给用户更优惠的价格。我每天做这些事情，已经够累了，也没有时间去关注别的公司。

△ 拍摄宣传片，打磨每一帧

我一直觉得，能被抢走的，其实都是不属于我的客户。当客户选择了别人，当品牌方选择了别人，那肯定不是因为别人抢走的，而是因为我做得不够好。我必须集中注意力，认真地守护属于自己的客户。

2. 变成电钻，钻研到底

我其实是一个认死理的人，俗称"不撞南墙不回头"。我不肯干违背内心原则的事，因此在这个圆滑世故的世界里，得罪过一些人；但也因此，收获了更多人的喜爱。

我是一个有梦想，也是一个很幼稚的人。我认为，在未来的行业里，一定是利他的事业才能生存下去，而不是那些懂得花里胡哨营销的人。

我最欣赏的企业是"老干妈"。从1984年推出以来，他们的口味、包装和风格始终是那么简单而坚定，这为它赢得了巨大的市场和人心。几十年不变的口味，成了独属中国辣椒酱的味道。不管哪个中国人出国之前，都会想带上几瓶，它就是家的味道。而其他品牌的辣椒酱，今天推出牛肉味，明天推出海鲜味，后天推出香菇味，应接不暇的口味，让人眼花缭乱的同时，也记不住。

我就想做这样简单的事业，做一辈子，把这一件事往深里挖，挖它几万米。我知道自己的能力边界，不去触碰自己搞不懂的领域，也不想让公司融资上市。我孜孜不倦地走在变美这条路上，力所能及地去帮助其他女人，坚守美妆十八年。当别人追风逐雨时，我以不变应万变。

我预判了这个领域的需求只会上升，不会下降。如果我能做好产品、做好服务、做好价格，客户就没有理由不选择我。在给团队开会时，我经常说这两个字：死磕。在各个业务线上死磕，精益求精，每个人像电钻一样，把自己的业务线钻深、钻透，在能力范围内做到极致。这是我对团队的要求，也是对自己的要求。

我每天都在问自己，还有效果更好的产品吗？还能再压低价格吗？还能提供更多福利吗？希望你也是，在工作上可以多问自己,还能提高效率吗?还有更好的解决方案吗?成为一个像电钻般有韧劲的人,找准一个点,向下钻,钻透为止,就能看透这个行业的需求和未来前景。

有一天,同事突然接到了一个奇怪的电话,对方自称是CCTV的工作人员。同事一听,特别警惕,直接挂了电话,他说:"现在骗子的花样可真多。"没过几天,这个自称CCTV的人又打电话了。同事又挂了电话,说:"精神可嘉,还真是锲而不舍啊。"

结果,第二天,珠海电视台的人去了我们公司的门店,说之前给我们打电话的,真的是CCTV工作人员,他们想要邀请我们公司去参加《大国匠心》节目的评选。等我按照要求到了央视大楼,发现这是一个海选节目。现场有150多家企业,只能选择7个名额留下。我心想,糟了,别人的企业都是非常知名的大企业,我肯定是陪跑的。

即使有这个想法,我也是精心准备了一下,毕竟我做什么事情都会全力以赴。结果很意外,"老钟驾到"竟然被选上了。选上之后,他们又邀请我参加《企业家精神》节目。

大国匠心的"匠"是什么意思?在我看来,就是一种精益求精、不懈追求的精神。可能是我十八年如一日坚持这一件事,刚好和"匠"匹配,所以才被选上吧。

△ 荣获中国化妆品报颁发百强电商店铺

△ CCTV《大国匠心》栏目组到公司采访拍摄

△ "老钟驾到"荣誉墙

3. 认定目标，转换方式

我的想法就是让女人更美，不仅是外表美，还有心灵美和灵魂美。在这个原则基础上，我会变换不同的做事方式，去推动目标。

你以为随着年龄增长，智慧也会自然增长吗？不，随着岁月增长的只是皱纹而已。我们需要学习、需要精进，才能让灵魂更加丰富有涵养。生而为人，其实我们每个年龄段都是第一次经历，当遇到困惑又无处求助时，就容易做出错误的判断。只有保持学习能力，才能不断解惑，一步一个台阶向上走。

女人比男人更感性吗？有人说是天性，有人说是教育使然。但无论如何，所有人都需要补充理性的知识，来平衡感性的判断。我有义务去帮助所有女性成长，这也是我事业版图的一部分，维护女性的心灵美。

我的客户以女性为主，现在物质过剩而知识匮乏，她们有了精神方面的需求。她们经常和我聊天，聊一些家庭和工作的事情。她们的迷茫困惑、痛苦纠结等，都是我经历过的，我深切理解。所幸，她们遭遇的都是我化解了的难题。所以，我有义务将自身经验分享出来，带着大家渡过这些难关。我是什么人？白手起家，创业成功；五年全职妈妈，没有一分收入；勇敢进入职场，打造出亿级企业，每年流水过亿。

我要告诉大家，我是怎么克服所有挫折，怎么撕掉标签来成长的；我要告诉所有女性，一手带娃、一手赚钱也是可能的；我要鼓励那些像我一样曾经一无所有的女孩,也可以去实现理想。我过去遇到困顿和泥泞时,多希望有一个导师告诉我该怎么走;而今,我愿意成为这样一个导师,带着数以万计的女性觉醒,让他们变得更加富有力量。

所以,我才做了"Q时代课程",大胆闯入知识付费的赛道。每天磨课磨到半夜12点,不断地输出案例,总结方法论,第一次课程就招募了接近900人。这个项目才刚刚开始,长路漫漫,但我不怕,过去十几年的事业经验可以迁移过来。我现在做任何事,只要是经过周密的计划,去践行,然后调整,就能走得通。

女人,绝不应该让美停留在表面。让这种美的意识渗透到灵魂和内心,那种从内而外的笃定和光芒,会让整个人闪闪发光,这也就是他人所说的气质。这是灵魂的气味,是遇见任何事情都不慌不忙的笃定,是跌倒后拍拍裙衫的一笑而过,是来自内心的美。

你是一个擅长死磕的人吗?你有这样的韧劲吗?如果没有,请从今天开始,认准一个事情死磕下去。跟自己较真,才能立于不败之地。

突破意识

毫无疑问，我的人生关键词就是突破。

我的第一次突破，是大学为了吃饱饭，四处寻找商机挣钱。那时候的我就是个小白，什么都不懂。在18岁最美好的年纪里，同学们除了上课，就是肆无忌惮地各种玩。而我在尝试了很多业务后，第一次知道，原来我已经可以养活自己了。

第二次突破，是做淘宝网店。在18年前实体店为王的世界里，很少有人网购。在别人异样的眼光和冷嘲热讽中，我还是坚持开了网店。走好自己的独木桥，让走开阔大路的人尽情去说吧！事实证明这是真理。

第三次突破，是毕业即创业。为此，我放弃了从小做个上班等下班的公务员的梦想，也放弃了追逐铁饭碗的机会，成为一个漂浮不定、风雨闯荡的创业者。我懂得，拼搏才是我的使命所在。

第四次突破，是在创业最辉煌的时期，放下一切，回归家庭。五年内，生下两个女儿一个儿子，见证了生命成长的奇迹，享受了成为母亲的快乐和幸福。我才明白，敢于放弃一些世俗的利益，才能收获珍贵而温暖的爱。

第五次突破，是在成为全职妈妈五年后，回归工作，拯救公司。从全职妈妈到公司总负责人，从濒临破产到一步步业绩飞升。我的成绩，终归没有辜负每一天熬的夜。原来只要努力，真的一切皆有可能。

第六次突破，是在今年，我持续学习、精进自己的同时，浓缩提炼所有的经验和智慧，建立了女性成长学院。我的愿景是，让1亿人年轻10岁，过智慧幸福的一生。

在别人看来，我的六次突破，每次都能收获意外之喜。但其实突破并不容易，在做这些之前，我也有很多心理障碍。

1. 跨越心障

谁不喜欢待在舒适区呢？谁不喜欢从大流呢？社会的集体意识和主流价值观让我们认为大多数人走的路才是正确的。但，谁规定80%的人说的就是真理呢？我们就是经常被这种无形的牢笼所罩住，怕被人奚落，怕被人嘲笑，怕失去现在所有的安逸生活。

这个世界上，最坚固的障碍不是现实中的铜墙铁壁，而是你心里的那道篱笆。在你想要向前冲的时候，它拦下你，对你说："停，前面危险。"事实上，前面是凶险万分的涛浪，还是美不胜收的世外桃源，你根本就不知道。但是，这个念头却阻拦了你所有本可能收获的美好。

如果你觉得自己现在的生活挺好的，不愁吃喝，还有玩乐的时间，不用太拼也可以，这是非常危险的信号。当你太安逸的时候,说明已经很久没有尝试努力了。而停止前进,就是被淘汰的前奏。

那道篱笆,是怯懦,是保守,是畏惧。当它阻拦你的时候,你要大胆地对它说:"不!我要去试试!"把自己从舒适区解放出来,很有可能收获篱笆外甜美的草莓。

2. 保持反思

熟悉我的人都知道,我是一个一身闯劲、冲锋陷阵的人,哪怕牺牲自己也不在乎。这么多年,我都是保持一个向前冲的姿态。可是,最近我冲不动了,总感觉被什么东西卡住了。我好像每一拳都打在棉花上,松软无力。那一天,我给自己放了几个小时的假,认真反思自己这些年的成长和进程。

14年前离开了大学校园,后来一直在拼事业,很少有时间拿起书来看。这么些年,我都是枕戈待旦、磨刀霍霍向前冲,所有的业绩纯粹是靠努力做出来的。而如今,当我的认知需要升级时,才发现书到用时方恨少。曾经没读的书,都是如今摞成一摞要还的债。

我发现自己的思维走入了瓶颈区。要么生,要么死,就这样卡着我肯定是活不下去的,于是复盘反思。很多人以为年龄大了,见识也会增长;其实若不反思学习,只会原地踏步或重蹈覆辙。我不怕年纪大,也不怕会吃苦,只怕岁月蹉跎而自己智慧不够,无法引领公司达到更高的层面。

当我小时候学"知识是人类进步的阶梯"时，并不真正懂得。如今才发现，欠缺知识和经验，寸步难行。只是一个劲儿向前冲，可能进入误区还在冲，事倍功半。我们需要的是边冲边总结得失经验，"捷径"不是他人给的，而是自己总结出来的。复盘能让我们更清晰地认识自己，看见自己的缺陷和不足，才有可能去补足力量。现在，我每周会给自己留出一个小时的时间，进行全面复盘。

3. 此刻最早

当你的生命成长，而认知不再更新时，脑子会老化生锈，固定在一个层面上。用过去陈旧的思维来看待新的格局，是如何也看不透的，很容易做出一些错误的抉择。

当你意识到"哎呀，现在学习太晚了"的时候，通常是最早的时机。在这之前，你还没有学习意识，那便毫无用处。没有最晚，只有最早，改变就发生在此刻。你有改变的决心，你有改变的方法，你就能掌握人生的航向。

从年初开始，我启动了全面学习计划。从线上到线下，从读书到交流，从高铁到飞机，从珠海到北京，我每一天用尽碎片时间，去看书、听课、写作业。从书中抬头却发现夜幕已深时，仿佛回到大学期末考试前复习的感觉。不同的是，那时候有严格的考试制度，而现在没有人逼着你学。

我还申请了清华大学的MBA，说实话，申请时内心很忐忑，不确定会不会被录取。然而当录取通知书下来时，我真的非常开心，37岁的我，还能进入中国顶级大学学习，对我而言是一个非常好的契机。

我像一块入水的海绵，疯狂地吸收所有需要的知识。读一本好书，听一门好课，就是站在巨人的肩膀上，用他们的高度看世界。我要成为一个更厉害的人，才能去追求我的梦想，并带领万千女性追梦。以前，我只需要平衡生活和工作，现在需要平衡工作、生活和学习，我是怎么做的呢？

◁ 2020年疫情期间给自己制订了计划

我每天带着三个孩子一起看书学习，他们看童书，我看商业书，彼此偶尔会交流意见和看法，很温馨快乐。他们笑着说："妈妈，你好像一个学生啊。"我摸摸他们的头说："妈妈就是一个学生。"我和孩子们一起读书，就是言传身教，用实际行动告诉孩子读书的重要性。以前欠下的读书债，现在要来补。我把学习融入了生活，学习从此不是苦差事，而是快乐的一部分。

最早的时刻不是过去，也不是未来，而是现在。不要浪费现在的时间，去后悔过去；更不要浪费未来的时间，来后悔现在。

无论当下状况好坏，给人生设定界限，就是用围墙"圈禁"自己。有些人想，或许我这辈子也就这样了，或许我干不出什么事了，或许年龄大了折腾不动了。任何理由都是逃避的借口，是你亲手禁锢了未来。人的潜力其实隐藏得很深，只有到了不得已的地步，才能被激发出来。是的，很多年前，我也想不到自己竟然能走到今天这个位置，我也是被自己一点点激发出来的。

你不该被栽种在花盆里，只享受呵护；你应当成为野外的参天大树，享受狂风暴雨的磨砺，让天地万物赐予你野蛮生长的力量。链接厉害的牛人，拓展能力圈，学习全新的内容，一步步突破自己，终将看到奇迹般的改变。

不设极限

很久以前,有个被广泛讨论的女性命题,干得好和嫁得好,应该选择哪个?有人表示支持干得好,代表了独立与自由;也有人选择嫁得好,代表了安逸和幸福。

这个命题,直接把女人的命运划分为两个截然不同的极端。天平两端,你只能选其一。如果想在工作上有所成就,那你在婚姻上就无法幸福;如果你要嫁个好人家,那就意味着放弃工作。这道题的选项,就像两个封闭的圈,让女性选择其中一个圈,跳进站好。这两个圈是狭窄的、禁锢的,一旦想要逃脱,便会千夫所指。

但为什么非要二选其一呢?我们女性就不能干得好又嫁得好吗?这两个圈我们不仅可以衔接,形成莫比乌斯环,不设起点和终点;还能跳出圈外,奔向广阔的无尽。

世界上的女人是多样的,女人的路径也是各不相同。不规定路线、不设限制才是对女性力量的尊重。面对种种偏见,我们应当如何去做呢?

1. 打破女性定义

我妈一直想要儿子，而我的出生自然不被期待。

从小，我妈的管束和专制让我透不过气，好像生活在一个巨大的透明塑料袋里，罩在其中，难以呼吸，外面的明媚世界与我毫无关系。如果我违背她的意思，或者其他人让她受气，她就从饭店里打包客人吃剩的螺蛳壳，铺在地上，让我跪在壳上反省。那种尖锐疼痛的感觉，蔓延全身。

她给我这个女儿设置的唯一路径，就是好好学习，长大嫁个有钱人。我没有被她的言论所禁锢，只是拼命向前走。没有靠山，没有退路，我若向后退，等着我的只能是万丈深渊。我的原罪源于我不是一个男孩，只是，这是我再努力也无法改变的事实。

这种没有退路的境遇，在别人看来是绝境，恰恰就是推动我向前走的动力。努力可以改变很多事情，但唯有原生家庭不可变，这也是无需改变的。用蛮力去对抗无可改变的事，只会让我们头破血流；应当集中所有的力量去做可以改变的，这才是人生的重点。

我相信，任何磨难对于我来说，只是磨砺。我可以有伤口，但不会沉沦在伤口中顾影自怜。我会让伤口尽快愈合，这会成为我坚不可摧之所在。我生性倔强，别人说我不行，我偏要证明自己能行；别人说我不可能做到，我偏要努力做到。这种倔强的不服输的性格，成了我这一生最强大的力量来源。

我用自己这一生，去努力打破他们"女儿没用"这个偏见。

直到后来，街坊邻居人人都说，老钟家的女儿太厉害了。我知道，这固若金汤的偏见终于产生了一丝裂隙。后来，我在创业后，帮助了很多没有机会读大学的女孩，教她们学习和工作，让她们成长为一个个更优秀的人。

现在，很多人羡慕我，说我过上了她们理想的生活。可是，我也是从一无所有开始的。没有家庭支持，没有财富支持，我只有一身舍得泼出去的力气，去这世界闯一闯。

我初中的梦想是做个公务员，我大学的梦想是养活自己，而我现在的梦想是成就更多女人。不要总是给自己暗示，我是女人，我比男人差，我不行；而是要坚信，我是人，我和所有其他人都是平等的，我们都有同样的可能性。

我看过《小妇人》这部电影，女主角悲伤地呐喊："女人不止有心灵，也有思想和灵魂；女人不止有美貌，也有抱负和才华。我真的受够了人们说，女人只需要谈恋爱然后结婚生子，我真的受够了，但似乎这么想的只有我一个人……"看到她说这段话时，我真的感动了，因为我想起了自己曾经遭受过的一切桎梏和偏见。

女性在这个社会上有很多阻力，但是只要你保持热情，保持向上的力量，那你这一生就是自由的。他人只能给你的肉体上枷锁，谁能给你的心灵上镣铐？

2. 把人生当冒险

　　小时候，我喜欢玩超级玛丽的游戏，她总是很勇敢，遇到障碍时，首先想的不是退缩，而是如何去跨越，还总是积极探索各个地方，收获意外之喜——蘑菇或者金币。虽说此生只有一次，须得慎重对待，但过于谨慎会让人成为规则的附庸品。

　　我把人生当成了一场冒险，抱着玩的心态，看看它到底还隐藏了哪些惊喜。遇见困境时，就想着，这一关肯定是能闯过去的，关键是寻找突破点。如果在尝试之后失败了，那也没有关系。游戏中的我，肯定会选择再来一次。

　　有的人是赌徒心态，杀红了眼抱着必赢的决心，小心翼翼地维护那一条路。一旦发生没有预料到的错误，便发了疯似的，心理防线溃败。可人生是冒险而不是赌博，一次错误并没有什么关系，我们允许不成功的尝试存在，才能给自己延伸出更多的机会。

　　千万不要用一件事的成败，来论人生的输赢。人生比你想象的更复杂，很多综合因素交织在一起，当初的失败很可能就是现在成功的起点。

　　我高考时发挥失常，没有考入更好的学校，那时还在怨自己，觉得很难过。而现在回想起来，如果我考入了更好的学校，可能就失去了现在的一切际遇，成为一名普通的公司职员。所以，我当初最讨厌的失败，成了我现在要庆幸的事情。

　　人生不是非输即赢，黑白对立。很多时候，我们处于当下，被迷雾遮住，根本就不知道这件事情对自己的意义。而等我们足够成长，立足未来回头来看，才会明白，原来一切的过往曾经，竟然对人生产生了如此重要的意义。所以，不要急于定性，不要急于评判。你要做的，抓住一切可以尝试的机会，努力去做。人生是一场无限游戏，唯一要做的就是持续玩下去，那便是赢了。

△ 一直去尝试，总会有惊喜啊

3. 永远心态开放

这个世界发展得越来越快，我们只有保持心态开放，才能赢得商业的入场券。我们不妨思考一个问题，商业的本质是什么？是为客户提供价值，创造财富，解决社会问题。所以，任何一种手段和方式，只要能更好、更快、更有效地满足人们的需求，促进货物、信息、资金等资源的流动，就会成为一个新生的力量。

电商和直播这两个载体也正是因为符合商业发展的本质，所以呈现了欣欣向荣的景象。很多人认为，线上电商冲击了线下实体门店，传统行业被压制了发展空间。但有很多案例证明，电商和直播反而是推动了传统行业的转型、变革和发展的。我们"老钟驾到"跟很多传统行业都有接洽，如水果庄园、海鲜干货、食品、珠宝的实体店，甚至还和本地的龙头房地产行业合作，以直播形式卖货，给用户带去很多的好产品和更多的实惠，最终实现了品牌、渠道、客户的三赢。

我全年都在直播，非常了解这个行业。我觉得今后的电商直播会变得更多元，专业类、深度垂直类的直播会更有市场，与客户的互动会有更多方式，答疑解惑也更方便。VR等虚拟技术未来跟直播的结合，或许还能实现看直播和线下逛商店一样的体验，做到足不出户而身在他方，能有更好的体验。播主和顾客的距离在缩短，这两种群体的界限也在消失。

而随着未来电商直播的升级和发展，它跟传统行业的绑定也会越来越深。会有越来越多做传统实体的品牌和商家加入直播行列中，利用直播更好地传播自己的品牌和展示自己的产品，实现多方共赢。

　　创业中，尤其要更新思维，保持一种极度开放的状态。我从来不局限在女性的思维中，一直在尝试突破，尝试拓展，进入这个大时代，沉浸式体验。不为人生设限，也不为商业设限。

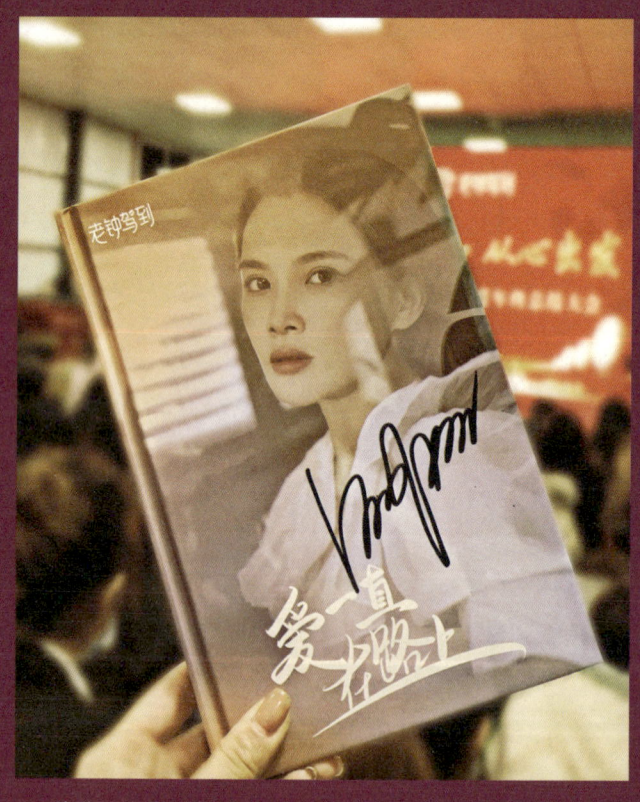

△ 单曲CD，献给所有我爱的和爱我的人

附录

· 附录一 ·

从昙花一现的网红到可传承的个人品牌

个人品牌是在当前移动互联网和电商高速发展的时代下，延伸出来的基于"人"的品牌产品。过去，我们也听过品牌人格化的概念，如明星打造。但对于移动互联网生态下，带有流量和营销属性的个人品牌（"网红"）的讨论和思考，还缺乏系统性论述。

本文要探讨的核心观点是：网红这些以"人"作为载体的产品，如何从昙花一现到实现可传承？个人品牌的核心要素和塑造方式是什么？

1. 人格化IP的三个阶段

一个普通人，从默默无闻到具备商业属性、品牌属性，需要经历以下三个阶段：

1.0 阶段——网红：网络红人（Influencer）是指在现实或者网络生活中因为某个事件或行为被网民关注从而走红的人，或长期持续输出专业知识而走红的人。

"网红"的产生不是自发的，而是网络媒介条件下，由主体对象、媒体力量、网络推手以及受众心理需求等共同作用的结果。他们的某一特质在网络作用下被放大，与网民的审美、审丑、娱乐、刺激、偷窥、臆想、品位以及看客等心理相契合，受到网络世界的追捧，红极一时。

2.0阶段——KOL：即关键意见领袖（Key Opinion Leader，简称KOL）是营销学上的概念，通常被定义为拥有更多、更准确的产品信息，且为相关群体所接受或信任，并对该群体的购买行为有较大影响力的人。

3.0阶段——个人品牌：或个人品牌，是指个人拥有的外在形象和内在涵养所传递的独特、鲜明、确定、易被感知的信息集合体，能够引起群体消费认知或消费模式改变的力量，在别人的认识里，拥有一致的印象或口碑。[1]

个人品牌具有整体性、长期性、稳定性的特点。它是基于个人影响力，本质是一个人身上的人脉资源和流量资源，其中"人脉"特指商业价值和变现能力。成功的个人品牌具备三个基本特征：独特性，具有鲜明的个性；相关性，能与公众认为重要的事物建立强关联；一致性，行为模式具有某种稳定的统一性。

美国管理学者汤姆·彼得斯说过："21世纪的工作生存法则，就是建立个人品牌。"他认为，不只是企业、产品需要建立品牌，个人也需要建立个人品牌。比如，我们谈到马云，马上会联想到阿里巴巴，这就是个人品牌带来的认知优势。其实要打造出个人IP，需要投入很多心思和技巧。先要明确自己的定位，找到属于自己的赛道和发展方向，然后挖掘出自己的特色，找出异于常人的地方。

从人格化IP的3个阶段可以看出，关于"人"的符号化、商业化传播其实一直存在。它本质是一个将"人"作为传播主体，对外价值输出的发展过程。随着社会竞争和组织的进一步演变发展，我们如今正式迈入到"个人IP"的阶段。根据亿邦动力研究院公布的《2021

中国新流量价值洞察报告》的数据显示，现阶段的流量特征便是"IP化"。[2]在后流量时代，如何精准吸引流量是第一要义，IP通过人设、故事、场景、理念的内容输出，和用户之间形成情感共鸣，吸引用户的同时，强化和用户的联结与黏性。

第一阶段的网红，只是有了一定的知名度，不一定具备变现能力，甚至有的网红还是"黑红"的状态。但是在如今全球自媒体大盛的时代，网红群体的确有着不可忽视的商业潜力。根据克劳锐数据显示，67.8%用户认为线上种草内容可以引导、影响购买行为，74.0%的用户曾经购买过种草的商品，80.7%的用户会在被种草后一周内完成购买。[3]国外著名研究机构Frost&Sullivan曾预测，网红经济的总规模（在线打赏、代言商演、电商收入、知识付费等）到2022年有望突破5000亿元人民币（见图1）。

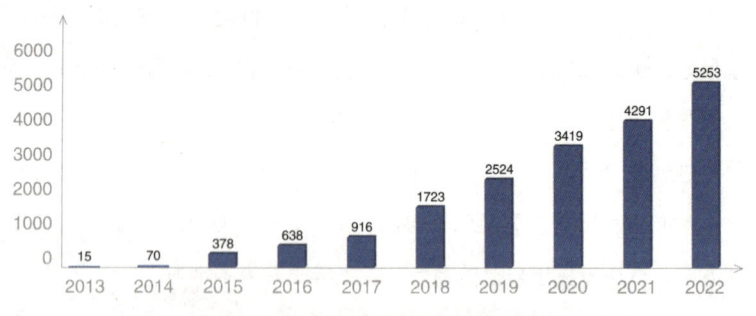

图1　2013~2022年中国网红经济市场规模（亿元）

（数据来源：Frost&Sullivan）

第二阶段的KOL，按照功能可分为两种。一种是种草型的，通过视频直播让人们认识新的东西,他们不销售产品,以接广告为主要收入来源;还有一种是专门带货的,也就是有超强的种草能力加销售技巧,可以直接把货品出售给粉丝。KOL不一定有网红那样的知名度,但是他们拥有实实在在的市场力。而且知名度比较高的KOL,背后的企品也会相对强大,毕竟所有好的事物,都是需要精心运营的。

我们习惯于按照市场力把KOL分为三类:头部、腰部和长尾。其中,"头部"是最值得关注和研究的,因为成功千篇一律,失败各有不同。不是说"腰部""长尾"是失败,每一个网红的最终目的都是进入头部,在还没进入头部之前,每个阶段缺的东西都不一样。

头部KOL的特征是强曝光+强带货。一般都有很强的企品,毕竟这种体量绝对不是小团队能承接的,而且头部KOL需要源源不断地吸引新流量。因为流量弱等于带货量弱,他们好不容易做到了头部,也配备了专业的选品团队,一旦出现翻车这种事情很容易上热搜,瞬间拉垮信誉度。所以头部KOL毋庸置疑,产品、企品一定是非常强大的,可以一夜卖空全国仓库。但与此同时,由于IP属性非常强,他们不适合做品牌背书,只适合做清货处理。大部分粉丝买了,只知道买了什么东西,不会管那个东西是什么品牌的。

对于头部KOL,流量是生命线,走的是流量思维,是外功。许多顶流播主都是通过广吸流量、广泛撒网合作而获得成功,而且出现了以MCN专业孵化网红和品牌,再通过网红种草实现商业变现的完整链条。由于粉丝量巨大,业务特别繁忙,整个团队每天忙着数钱,没时间修炼内功。而修炼内功是完全不同的一套思维模式,我把它称为"心智思维"(用户思维)。

相比之下，第二梯队的腰部KOL会有更多的时间去思考有没有其他的出路。大流量固然每个人都想要，但其背后必须有强劲的资本。和头部每天孜孜不倦地卖货不同，腰部更多是在每天孜孜不倦地生产内容，然后发布到各大平台，增加影响力，获取廉价流量。如果能获取便宜、甚至是免费的流量，就会成为腰部KOL发力的支点。此外，由于是做内容出身，腰部KOL一般都具备强大的种草力，所以很适合做新品牌的推广，只是由于粉丝的体量还不够庞大，带货力不能跟头部相比。通常腰部KOL也有一定的团队帮忙运营，只是团队的规模和运营力还没有到达头部那样。

还有一类就是长尾。长尾网红一般都是单独的个人，所以很容易今天能看到，明天就看不到了。网红市场上长尾的基数庞大，种类纷杂，但由于同质化严重、生产效率偏低、运营资本不足等诸多原因无法脱颖而出。

2. 三品五力

网红要进阶到KOL、最后蜕变为个人品牌，离不开"三品五力"的配合和推进。其中，"三品"是核心；"五力"是手段，是"三品"的具体表现。

"三品"即产品、人品、企品，这里围绕网红经营来阐述。产品，是指网红自主研发或者推荐的产品。它的含义很广，可以是有形的东西，也可以是无形的东西（比如某项服务或者是知识课程）。人品，这个很好理解，指网红的价值观和素养。企品，指网红背后团队的推广能力和对粉丝的运营能力。三者缺一不可。一夜大红大紫的网红，如果只想着赚钱，没有狠抓变现载体的质量，必定走不长远；本身价值观不正、素质低的网红也只能是"黑红"；而单打独斗的网红，因为没有持续的力量也红不了太久，一群人才能走得更远。

"五力"即市场力、口碑力、品质力、创新力、共情力。市场力，指一个网红的商业价值，也就是变现力，主要体现在带货力和广告收入上。口碑力，指粉丝对IP的认可度，主要体现在能否被分享和传播，在商业上表现为转介绍。品质力，指网红本身的能量，包括身体能量、价值观能量，能否给粉丝带来正能量。这是决定了他能否长红的关键。创新力，指其个人认知和能力能否不断升级。只有个人认知不断升级，才会让输出的内容越来越优质。共情力，指能否与粉丝之间形成情感的联结。

通过上面对"三品五力"的分析可以看出，一个网红要想变成个人品牌，这八个要素缺一不可。只靠付费推广买流量，或者偶尔一条爆火的视频成了网红，却没有"三品五力"的支撑，注定只能昙花一现。

大家都知道，做KOL是每天如履薄冰的，每个人都希望自己能长盛不衰，不断地输出优质内容，不断地推广买流量。但流量，真的是一个很飘忽不定的东西。要想固定住流量，那必须要打造自己专属的流量池，只有把核心的粉丝稳定留在池子里，才不会每天过得担惊受怕。进一步说，打造私域流量池也是筑造个人品牌不可或缺的一步（见图2）。所以，要从"单一服务"转为"综合服务"，从"经营产品"转为"经营人"，把流量变"留量"，把产品与企品深度融合。

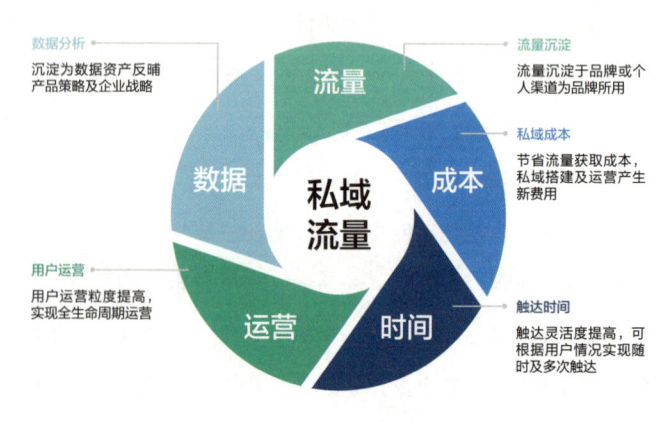

图 2　私域流量特征

　　前面提到，个人品牌的成功打造需要"三品五力"。但这些元素并不是独立存在的，产品、企品和人品的糅合，可以打造出一套私域运营的"新拳法"。企品不是单单为KOL服务的，而更应该是为用户、忠实粉丝服务的。下面我将以自己的品牌"老钟驾到"作为具体案例，阐述我们是怎么把"三品"深度融合来打造私域流量池的，这也是个人品牌打造的"命根"。这里先明确一下"私域流量"的定义。根据艾瑞咨询《2021年中国私域流量营销洞察研究报告》给出的定义，私域流量指"沉淀在品牌或个人渠道的，可随时反复触达，能实现一对一精准运营的用户流量。"[4]针对他们，"老钟驾到"打造个人品牌的三大核心为：严苛选品、极致服务、陪伴成长。

（1）严苛选品

选好品才能留住对的人，它对应的是产品和品质力。

和我们合作过的品牌方都知道，我们的选品团队是非常苛刻的，"老钟驾到"的品牌定位是"只为女人选好物"，所以选品原则是：

图3　老钟选品7大流程

一切从客户的角度出发，从客户的需求出发。我们的选品流程分为七步：首先，市场调研，做用户需求分析。你要对客户了如指掌，她们是一群什么样的人，年龄、职业、地区分布，婚育情况，皮肤状况如何，等等。从解决客户的需求出发，来选定推介方向。第二，40天生成适配选品提案，预备下个月给客户带来哪些产品。第三，"内务府"多方招募候选品，并进行初筛。第四，专业团队"大理寺"进行三轮复筛。第五，到我这里最后把关，敲定。第六，确定上架前的最后检疫，资质审查。第七，排期上架，跟踪反馈（见图3）。

别小看这七个步骤，其中是要拒绝很多诱惑的。比如，金钱的诱惑。有些产品利润高，但是评测结果一般，必须否决掉。还有，名誉的诱惑。2021年我接到某地免税店的直播邀请，如果去了会得到一个该地区推广大使的头衔。我马上查看了产品，产品质量没有问题，但是价格普遍偏高。如果我去做了这场直播，粉丝会基于对我品牌的信任去购买，于我来说是名利双收，但这就拉低了我的品质力，抹黑了我自己的品牌。

所有流程的制定都是从客户的需求出发，七个流程只是让标准更细化了而已。

（2）极致服务

好的服务体现出专业、真诚、爱，对应的是人品和企品，还有共情力和口碑力。

很多人以为服务就是在销售时点头哈腰、无微不至，那其实没有对服务有深刻的理解。客户来找你需要的是什么？需要的是你帮她解决问题。真正的服务从客户下单以后才正式开始，这需要我们具备专业的知识、细心和耐心的态度。指导如何使用，定期跟踪客户的使用情况，给客户定期的礼赠关怀，等等。我一直和团队说的一句话就是：把客户当朋友。我们要真心对待我们的客户。

我们的企业文化叫作"爱妃文化"：尊重她、满足她、宠爱她、陪伴她。哪怕她只消费1元，加了我的微信，我们的关系从此就不一样了。她的生日，可能老公、男友会忘记，但我们不会；逢年过节，她会收到我的亲切问候和定制礼物；此外，每个月还会收到一封我亲笔写的"家书"。好的关系，就是要长期维护的。

为了能让客户无风险购物，我们承诺，护肤品用过的过敏包退及30天无理由退换，保健品60天无理由退换，全店产品终身售后服务。此外，为了让"爱妃"更快拿到产品，我们跟顺丰达成了战略合作，全店顺丰包邮，任何物流问题我们搞定，24小时专属客服在线。

好的服务，极致的服务，不是制定冷冰冰的流程和规则，而是坚持原则立场。我们的原则就是"爱客户"。什么是爱？就是同行都能做到的，那叫义务；同行做不到的，才是服务。

极致的服务可以带来口碑力和共情力。粉丝不仅仅是认购了你，而且还认同了你。在产品品牌上，这个属于美誉度的体现了。

（3）陪伴成长

陪伴客户成长，让客户增值，是无我利他，对应的是创新力和市场力。

　　陪伴成长也是我2021年新开的版块。我发现，现在已经是物质过剩、精神匮乏的年代了，"老钟驾到"不能仅仅给客户带来物质性的产品，我还能为她们做些什么呢？

　　一个新时代的女性，是需要终身成长的。很多人或许会觉得，大学毕业学习可以告一段落了。没有精进学习的人生，其实不叫成长，叫老去、氧化。我是一个经历从0到1白手起家的创业女性，同时也是经历过五年0收入的家庭妇女，我这些年成功的经验和踩过的坑都可以沉淀下来，给我的客户更多的参考，让她们更容易获得成功，变得更有智慧，生活得更幸福。于是2021年7月，我启动了新的版块——"Q时代女性终身成长平台"。从黑土丑变成白富美，我沉淀出魅力课程；从一个人创业到今天的"老钟驾到"，我沉淀出创富课程；从0收入家庭妇女到重新回归事业，我沉淀出幸福课程。

　　一个女人应该眼里有光，心中有爱，手中有箭。我想陪伴着我的客户，带着大家一起活得英勇而美好。

3. 个人品牌的核心

　　个人品牌跟KOL只差了一个私域流量池吗？

　　很多人未意识到，KOL的核心是身体能量。KOL是深度捆绑个人的行业，如果有一天生病了，或者不在了，那基本上就是整个链路都停摆。KOL的进化之路必然是从个人冲杀到个人品牌，解放个人才是可持续发展的路线。

而个人品牌是一种整体印象，包含外表形象、核心价值和文化特质三个维度。举个例子，说起薇娅，大家会想到她直播间的东西很便宜；说起李佳琦，大家会想起口红"一哥"。那薇娅、李佳琦他们有什么价值观让你喜欢呢？他们有什么思想吸引到你呢？估计大部分人和我一样，是答不上来的。比如，毛泽东已经离我们而去45年了，但是他老人家的思想汇集成了《毛泽东选集》，我们公司的90后依然还在拜读；更久远的佛陀、老子等圣贤，他们的作品至今还在延续，他们的思想还在影响着一代又一代人；再比如雷锋、袁隆平、史蒂夫·乔布斯……这些人虽然都已离世，但今天人们一提到他们，总会想到些什么。

经过深度思考，我逐渐意识到：一个人真正能长久有价值的，是思想。这才是能够传承、能够持续帮助他人的东西，而不是一副皮相。人是血肉之躯，会有生老病死，KOL也一样会面临这个问题，更何况KOL往往带动着一个企业的兴衰。如果不把自己的思想、价值观进行提炼，就无法脱离这个高风险，更不用说传承了。

所以要想从KOL的肉身脱离，打造个人品牌，必须要先提炼出思想价值观。我最近开启的"Q时代女性终身成长平台"，除了可以陪伴粉丝们终身成长，也通过课程把我的价值观提炼出来，传递给我的粉丝，让她们从更深的层次去理解，老钟是一个什么样的人。

思想价值观的提炼，体现的就是KOL的"人品"。他/她的价值观是否可以帮助、温暖更多人，是否可以为大众所接受。我认为，一个人发光、发热，不仅仅是为了让更多人看到自己，以获得更多的名和利，而是应该用身上的光照亮他人，用身上的热温暖他人。这才是个人品牌的责任和担当,这是个人品牌品质力的表现。而作为个人品牌的承载者,应当终身学习,不断提升自己的认知,让输出的内容升级,这是个人品牌成长力的表现。

无论是做私域流量池的运营,还是做思想价值观的提炼,都是一个需要积累沉淀的事情,只要持之以恒,一定能得到好的结果。

4. 个人品牌的未来展望

个人品牌因为有很明显的KOL个人特色,不会像产品品牌一样,有很大的受众群体。以前都是物以类聚,现在慢慢进入人以群分的新时代了。个人品牌相比于产品品牌更能走进人的心里,而且它只能影响到跟创始人同频的人。喜欢这个个人品牌也意味着喜欢这个品牌的创始人,他们之间会有很多相似的地方。

所以,经过了若干年,一个成功的个人品牌将成为一个符号,它不再代表当年创立这个品牌的人,而是代表具有同样思想和价值观特征的一类人。就好比我们现在都会把乐于助人的人称为"雷锋"一样,我们没有见过雷锋,但是知道他的品质。而且,个人品牌的变现模式也不像产品品牌那样单一,它会是一个全品类的变现模式。

参考资料：

【1】徐浩然，《个人品牌》。

【2】亿邦动力研究院，《2021中国新流量价值洞察报告》。

【3】克劳锐数据，《2020年三大平台种草力研究报告》。

【4】艾瑞咨询，《2021年中国私域流量营销洞察研究报告》。

·附录二·

致女儿的一封信

宝贝,看着你们一天天成长,就像在拆宇宙赐予我的珍贵礼物。

我常常庆幸,何德何能,让我拥有如此可爱的你们。一个机灵古怪,一个安静天真。我曾经想把全世界最好的东西都送给你们,却又怕被拒绝。

我教你们喊出第一声妈妈,认识第一个动物,唱第一首歌曲。从一个小小的、皱巴巴的婴儿,逐渐显露出女孩的模样,亭亭玉立。但是随着你们长大,我发现你们教我的东西反而更多,教会了我如何全心全意地去爱,不含任何功利和杂质。你们学东西都很快,也有自己独特的兴趣爱好,很有爱心、同理心和自信心。每一天的成长,都是在给我惊喜。

我很骄傲,我的女儿们比我优秀。

你们第一次当女儿,我从不要求完美无瑕。我也是第一次当妈妈,是个新手,正在学习中。希望当我做得不那么好的时候,你们可以温柔地抱抱我,对我说:"没关系,可以原谅妈妈。"也正如你不小心做错事正内疚时,我所给予的原谅那样。

妈妈想让你成为乐观、自信、相信爱、喜欢自己的孩子。不需要你拥有怎样优秀的事业,不要求你嫁给怎样厉害的人,你只要开心,便是妈妈的快乐。

1. 巧克力里的坚果碎

还记得,你们小时候学走路,摔倒后趴在地上不起来,哭着撒娇:"妈妈……"我没有像别人那样大惊失色地去扶你,如果不是很严重,会站在旁边鼓励你:"宝宝,你可以自己起来的,加油哦!"

你听完之后,反而不哭了,抹了抹眼泪,自己想办法用手撑着地面站起来。转过身来,走到我跟前,洋溢着自豪的笑脸,开心地为自己鼓掌。

是的,摔倒有什么可怕?不要期望别人去扶,直接爬起来比什么都有用。这是妈妈教你的第一件事情。因为以后,妈妈不一定时时刻刻守在你身边,也不能给你清除人生路上所有的障碍。

有些功课,只能自己去做。当我不能护你周全时,摔倒了受伤了,希望你也可以站起来,开开心心地为自己的勇敢而鼓掌。宝贝,我希望你永远都是这样乐观,不要因为摔跤而惧怕前进。无论对谁来说,生活本身都有很多苦,每一个你遇到的难关,妈妈都会尝试着让你自己解决。如果你真的搞不定,我再来帮助你。

保持对未来的信心,保持对未来的美好想象,不因为现实的粗砺而丧失希望。不要抱怨为什么生活中那么多苦,因为每一次的苦,都是在衬托甜的滋味。

如果说人生是一块巧克力,那么迷茫、挣扎、纠结的部分,便是藏在巧克力里的坚果碎,虽然很难啃,但消化之后,回味香脆,这也是人生中最珍贵的一部分。

2. 永远自信的多萝茜

你还记得,我们一起看过《绿野仙踪》的故事吗?多萝茜为了回到自己的家乡,一路上遇见了多少艰难困苦,但她始终相信自己,和朋友们并肩作战,从不被现实磨难打倒。她的心里有一个坚韧不拔的目标,所以才能达成心愿。

你首先要相信自己,才有可能获得想要的。

宝贝,等你长大之后,会发现这世界上总有人比你美、比你优秀,或者比你厉害。但是,亲爱的女儿,你是独一无二的,你有自己的特质,有自己的优点。永远要记得,优秀的人很多,但你,唯有一个。就像妈妈曾经教你的,这世界上的花有千千万万种,但并没有美丑之分,每一种花都有其独特的美。要学会欣赏接纳自己的美,也要用平常心看待别人的美。

我们身为人类,比其他动物多了智慧和头脑,我们可以去创造、可以去交流。发掘自己的天赋,找到自己所爱,你想做的,妈妈都会支持。

3. 看清真正的爱和爱人

相信父母对你的爱,相信兄弟姐妹的爱,以及相信未来另一半的爱。

可能一开始的恋爱并不顺利,这并不代表世界上没有爱。爱是双向的,不要沉迷于童话中王子拯救公主的故事。只有你足够独立、清醒、强大，才能遇到同样优秀的人。不要相信柔弱才能吸引到爱，通常柔弱都附带着伤害、隐忍和痛苦。

成为一个温暖、优秀的女孩子，总有人会穿越茫茫人海来找你。

但是，请记住，爱别人之前先爱自己。爱是滋养人心的，自爱会让你成为更包容和美好的存在。一个不自爱的女孩，她的内心是匮乏的、空虚的，这时就更容易幻想盖世英雄来救她。真正的爱不是拯救与被救，而是相互成就、彼此扶持。少看点泡沫爱情剧，不要太过于幻想，看清现实才不容易失落。当你是一座美丽宁静的花园，自然有人会驻足欣赏。

真正的爱人会欣赏你、鼓励你，但凡有人试图压迫和控制你，请立即远离。关于恋爱，我不会限制你和谁做朋友，我只希望你保护好自己。感情这件事很复杂，总会多多少少受点伤。没有完美的感情，就如同没有完美的一片叶子，记得不要用完美的尺子去度量别人。

4. 成为喜欢自己的人

当你长大后，会发现很多人在教你成为什么样的人：你应当这样，你应当那样。可是，妈妈想告诉你，如果此生只能给你一句忠告，那就是：宝贝，你要成为喜欢你自己的人。

喜欢自己这件事，看似很简单。但我发现，现实生活中大部分人都不喜欢自己，他们厌恶自己身上的某些缺点，讨厌现在的生活。这样的人，是不会拥有笑脸的。

生命是最重要的，是所有东西里最珍贵的。四季变换，花谢花开。花儿凋零，来年春天还能开；但生命凋零，就再也没有机会重新来过了。所以，不管你现在的模样如何，你都要喜欢自己。

当你每天清晨醒来，站在镜子前，那就是最美的你。你值得自己喜欢，也值得他人喜欢。

妈妈爱你是无条件的，不是因为你送给了妈妈礼物，也不是因为你弹钢琴特别好，更不是因为你考试考了一百分。无论你是否优秀，无论你是否美丽，妈妈都爱你，这是作为母亲的特殊本能。这种爱是永恒的，从你们出生的那一刻，一直持续我这一生。

而我，并不期望你回报我以同样的爱，因为我知道，人类的爱都是向下传承的。我不需要你们为我做任何事情，你可以放心大胆地去过自己想要的生活。若在外面拼累了，那就回到妈妈家。你们的家，不一定是妈妈的家；但妈妈的家，永远是你们的家。

我希望我们成为闺蜜，永远可以坦诚相待、无话不谈。当然，这是我的一个梦想，有点难以实现。我们可能会有代沟，但我不会随意评判你的生活和价值观。无论发生什么事情，请永远记得，可以找我聊一聊，哪怕妈妈无法帮到你，至少可以抱抱你。妈妈虽然是大人，但依然在学习，我会和你们一起努力的，请监督我哦，我们一起加油好吗？

妈妈曾作为一个女儿，备受冷落，所以我绝不会让自己的女儿重复这种糟糕的体验。你要开心，要快乐，当然也允许悲伤和哭泣，只不过你失落的时候，妈妈都会陪着你。

我听来一句话，想送给你们："并不是所有女孩都是用糖果、香料和美好的东西做成的。有些女孩,生来即代表冒险、美酒、智慧与无所畏惧。"宝贝,不管你们成为哪种女孩,我都爱你们。风雨动荡,你们是我在人世间最牵挂的明亮的星。

· 附录三 ·

致亲爱的女孩：给你九个人生锦囊

成为女孩，其实是一件非常幸运而美好的事情。但很多时候，我们常常遗忘了这一点。女孩是感性的、柔软的、美丽的，但又时常游走在危险的边缘。很多家长在养育女孩时，从未有过一份指导手册，大多是野生养育。但是原生家庭的影响会深深刻在每个人的心里，渗透到生活的方方面面，从而决定了其一生的走向。

因为有两个女儿，所以我在家庭教育中更注重女孩的成长，也会适当地给出一些建议。当然，她们也有选择不听的权利。我曾经历风雨，也曾受过伤害，如果女孩可以拥有这九个人生锦囊，生活可能会走向更美好的那一面。

1. 放弃完美

问你一个问题：你给现实中的自己打多少分？又给理想中的自己打多少分？

大多数女孩对现实中的自己的评分很低，但对理想中的自己有着非常高的要求。她们要完美无瑕，要成为百分百女孩。不同的社会时期，都有一种看似主流的审美。现在的主流就是白瘦幼，大多数人也会趋同这个标准。但这并不代表其他类型就是不美，若回到唐朝，丰腴才是美。所以，美本来就没有对错，没有标准，更没有统一的规格。

为了美而去努力，这种积极向上的心态是好的，我们可以健身、运动、护肤。但不应该在自己无法达标时，心理溃败，责怪抱怨自己：为什么别人可以，我却不可以。更不应该冒着巨大的风险去动刀整容，原本的身体是最健康的，为了一个暂定标准而让身心受苦，真的值得吗？你追求的，其实不是美，而是别人的审美；你割舍的，是最宝贵的自我价值。

别人的审美，不等于美。自己的美，自己才有资格说了算。接纳自己小麦色的皮肤，接纳自己的单眼皮，接纳不太完美的小雀斑，接纳即使努力也没有那么成功的自己。

接纳的过程，就是在一点点拓宽心灵的空间，给灵魂以栖息之所。

人这一生，本来就很难，会经历很多坎坷，为何还要竭尽全力地给自己制造苦难呢？人的意志是有限的，我们心里有根弦，当压力过大时，糟糕情绪膨胀，心弦很可能会断掉。这也是为什么抑郁症患者越来越多，为什么明明生活不差却无法快乐的原因。

你的眼睛一直盯着别人的好，却独独忘记了自己的好。这世上哪有完美的女生？只有一个个独特的个体。我们本有机会拥有快乐，只需放弃那些完美的虚无幻想。多给自己一点包容，一点善良，一点宽恕，告诉自己，做不到也没关系，你不必成为完美女孩，你只需成为独特的自己。

宇宙万物皆有不同，我们生来就千差万别，独特本身就是一种参差的美。你是特别的，是唯一的，是有价值的，你值得被爱，值得过更快乐的生活。

2. 选上坡路

你现在过着什么样的生活？你又为何过上了这样的生活？事必有因，每一种生活的背后，都对应着过去的选择和努力。

你此刻的生活，并不是当下决定的，而是过去无数的累积。换句话说，现在艰难的生活，对应着过去轻松的选择；现在舒适的生活，对应着过去艰难的路。而你当下每一个小小的选择，都会影响未来的走势。

人人都知道，当上坡路和下坡路摆在眼前时，要选择上坡路。但很多时候局势并不明朗，没有人能一眼预见哪条向上、哪条向下。很多人抱着稳定的想法，选比较容易的路，通常在回顾时，才后知后觉：呀，原来难的那条竟然是上坡。道理很简单，因为简单的路人人都能看见，人人都会走。在可预见的未来里，人只会越来越多，路只会越来越窄，从而变成一条下坡路。

选比较难的路，并不是说让你蒙上眼睛一直冲，放弃鲜花香径，一脚踏入满是荆棘的小路，撞得头破血流还要咬牙坚持下去。生活不应该是牺牲主义，而是奋斗主义，这两种心态截然不同。经过理性分析后，你面前的选择，早该排除那种肉眼可见万劫不复的路，剩下的都是建立在可落地、可操作的基础上。你的路是行得通的，你的努力是达得到的，这时迎难而上才有意义。

轻松太久很容易消磨斗志，成为一个不动脑的机器人或者螺丝钉。利刀很久不用，也会变钝；大脑经常不转，也会变愚。这就是我们踏上难路的意义，让自己处于一个稍微爬坡的状态，在困难中运转磨练，锻炼坚韧的意志力，保持突破的创新力。如此一来，你在人生赛道中才具备跑赢的优势。当别人处于停滞的状态，而你一直处于奔跑的状态，你不赢谁赢呢？

"难"分两种，一种是主动的难，一种是被动的难。如果你现在不主动选择难，那你将来一定会被迫接受更难的生活。那就不如利刀出鞘，主动出击，去选那条比较难的上坡路吧。

3. 坚持热爱

这是个撕裂的世界，一些人叫嚣着太卷啦，另一些人又吵闹着躺平吧，你处在这两种声音的夹缝中，到底该怎么办？

前者是让你极度竞争，后者是让你放松懈怠。但，你要有自己的立场，不要轻易盲从任何一种观点。每种极端观点的背后，都有一个看不见的黑暗陷阱。除非你生来含着金勺子，否则，人这一生很难过上不工作的生活。如果注定要工作，那何必让自己拧巴、痛苦着，开开心心不好吗？

我猜你会说，哪里有开心的工作呢？看，我就是个例子，我的热爱就是工作，我的工作就是热爱所在。你以为这是巧合吗？这种看似命运般巧合的背后，都是我的苦心经营。

在人生的很多阶段里，我遇见过无数次放弃的诱惑，但都凭着心底的那股力量，一一拒绝了，所以才能坚持到现在。如果我不热爱这个行业，那可能早就把杂货店、服装店、餐饮店通通开完一轮了，也不会有现在的"老钟驾到"。

如果说平凡的生活如同一块蛋糕，那么热爱就是蛋糕尖上的那颗小樱桃，甜蜜、亮眼、剔透。它会照耀你的工作，激发你的热情。问题来了，从哪里寻找自己的热爱？

审视自我，探索人生，请你思考以下几个问题：在你过往的经历中，做什么事情最开心？你做什么事情不求回报只享受过程？你会为了什么不顾一切赴汤蹈火？

你的答案就是你的热爱。

你满心欢喜做的那件事，便是你的热爱。旅行、读书、手工、健身、绘画、摄影、化妆，无论是什么，坚持热爱都有益于你的身心。拥有一个爱好，就能拥有一个不被打扰的小宇宙。打开这个宇宙，你能沉浸其中，体验到心流的存在。

热爱堪比情绪粉碎机，生活中的不如意和不开心，都会一一消解。投入喜欢的事情，就是给繁忙疲惫的生活充电。当你元气满满地回归时，你就知道，热爱才能拯救你的人生。如果你的热爱恰恰是你所擅长的，那便可能成为工作。人生最好的莫过于，将热爱变为事业。恰好我的热爱也是事业，我始终相信，热爱才是最酷的工作方式。

4. 爱惜时间

曾看过这样的小故事：你每天早晨醒来，便能收到86 400元，这笔钱，你可以在当天随意支配。如果花不完不能存款，第二天会清零。那你会浪费，还是会花掉呢？我想，你舍不得浪费一分钱，一定会把这笔钱花得干干净净。事实是，我们每个人每一天都有这么多的财富，即拥有86 400秒的时间。

每个人都会默默计算自己的财富积蓄，可是你计算过时间积蓄吗？很多人斤斤计较前者，却忘记了后者比积蓄更宝贵。因为金钱可重来，时间不可以。时间像一个沙漏，沙子总量就那么多，以一种匀速的状态向下落，无时无刻不在流失。恐怖的是，没有一个人能预测，沙漏何时会戛然而止。

如果你能够意识到这一点，就会明白，时间和生命是挂钩的。时间就是生命，这不是一个比喻句，而是一个事实。可是很少有人真的记在心上，或者，很多人都不愿意面对生命会有尽头这个事实。我们选择逃避，并不代表它不存在。如果人这一生能活一百年，算一算，你已经活过了几分之几？你还剩下几分之几的生命？你的人生中有快乐和幸福吗？你存储了吗？对于未来，你有规划吗？这仅此一次的人生，你究竟要如何过，才能对得起宇宙的恩赐？

请记住，你过的不是时间，而是生命。你珍惜的，也不是时间，而是生命。

5. 终身学习

成为一个真正的勇士，就是与人性的弱点对抗。持续学习是很难的，需要自律、需要努力，而人性更倾向于懒惰、放纵、躺平，这也是很多人放弃学习的根本原因。停止学习，是对自我的放逐，也是人生堕落的开端。

学习，是普通人逆袭的最好之路。很多人都明白这个道理，所以极力去"鸡娃"，想让孩子一跃龙门，翻身成为人上人。但这些"鸡娃"的家长在做什么呢？打牌、看剧、玩乐，从不学习；与此同时，总是在抱怨、愤懑，觉得社会不公平。

很多人只知道，在学校学习可以逆袭。其实，成年人也可以通过学习逆袭。要知道，成年人肩负的不只是自己的生活，更是一个家庭的未来。我的很多员工学历并不高，但是他们通过后天学习，成了高能力的人。

没有老师督促，没有同学陪伴，你就能自我驱动，这就是一个非常好的正向循环。能坚持做别人不愿意做的事，多酷哇！在我累了学不下去的时候，就是这样想的。

学习，需要的不仅是时间，更是毅力和坚持，有这个精神劲儿，何愁不能做大事？事实上，我们也不是非要干一番惊天动地的大事业，而是要保持一点逆流而行的心劲，去和生活的蹉跎较量。让今天的你胜过昨天的你，让明天的你胜过今天的你。那么最后，你就能悄悄超越身边的所有人。

6. 习惯主动

上学的时候，等着老师布置作业，老师没有说的一个字都不会多写；工作后，等着领导布置任务，领导没有说的一个活儿都不会多干。这样的人，生活顶多只能四平八稳，根本不可能成为厉害的人物。

我所遇见的厉害人物，永远处于主动的状态，主动去做事，主动寻找机会，主动开创领域，主动创造人生。

女性在职场上，本就处于相对较弱的位置，所以才更应该主动争取自己的一席之地。一个被动的人，永远只能生存在时代潮流的裹挟中，被挤到社会的边边角角，无法喘息。不要在被生活挤压得无处可去时，才想要占领主动权。那时的你，早就丧失了主动权。

主动，才是人生升级的密码。

但我们习惯了在家听父母的话，在教育体制中听老师的话，在职场上听领导的话，大脑早就适应了被动接受指令。那该怎么主动呢？——去做别人不愿意做的事，并把它做好。最累最苦的活儿，永远都有人躲着。但把这些艰难的东西做好，也能锻炼自己的能力。总有人说，职场不给机会，没有升职之路。但其实，能主动去做任务，并做出成绩，就有升职的机会。

7. 抽空旅行

我出差的机会很多，旅行的机会却不多。恰恰因为这样，我更珍惜自己的旅行时光。我们要分清工作日和休息日，劳逸结合，松弛有度，才能保证生活的正常运转。工作日要尽可能专注工作，休息日要尽可能去旅行。

但问题是，很多人太宅了，宁愿宅在家里吃外卖、刷网剧也不想挪地儿。糟糕的生活习惯加上负重的工作模式，会让人陷入一种低沉的状态。

平时太沉浸于具体而琐碎的生活，旅行能给我们一个恰当的契机，抽离开来，以一种不同的姿态，从局外人的角度审视自己，产生一些完全不同的思考和灵感。

这个旅行并不一定是出国，也不是非得看多么壮观的风景，而是转换到一个陌生的空间，给自己一个限定假期，放空一下。哪怕去郊外走一圈，吹吹不一样的风，看看不一样的海。那种闲暇带来的舒适，缓解了自己的生活之痛和工作之累。

当然，如果有一定的条件，那就尽可能去很远的地方。去越远的地方，越能看到这个世界之大。当你看过足够多的人，体验过足够多的不同生活，就不容易沉入自怨自艾的情绪中。

曾经有一段时间，我持续工作很久，没有一天休息。身体劳累到一定程度时，我突然告诉自己，不能再这样继续了。于是直接买了机票，飞到了欧洲。我随便游走到一个偏僻的景点，远处有巍峨的高山和连绵起伏的花海。就在我要离开时，余光扫到了栏杆上凸起的小圆点。我不知道这是什么，便问了旁边的人。他们告诉我，这是盲文，内容是介绍对面的风景。听完这个，我心里咯噔了一下——每个人都有权利去欣赏世界的美好，即使看不见。

后来，我就学会了随时随地留意生活中的美。要知道，很多人并不是生来就能看到，我们应当珍惜这种能力。

8. 享受孤独

无论是籍籍无名，还是盛名来袭；无论是单身一人，还是结婚生子，人这一生，不可否认的是，我们都会经历不同长短的孤独阶段。

有人说，女孩一生都很累。婚前是女儿，结婚后是妻母，这一生都不自由。这话也不完全错，但女孩有一个最自由的时间段——在大学毕业后，刚上班，手里有了一些收入，又没有结婚受家庭牵绊，这段时光不属于父母，不属于伴侣，只属于你自己。

如果你还年轻，请务必珍惜这段时间，不要肆意挥霍，不要急于步入婚姻。享受一个人的快乐和幸福，享受一个人的自由和洒脱。父母、子女、伴侣虽然重要，但更重要的是你的心灵孤独之旅。喧嚣热闹是属于人群的，而自我是属于你个人的。我们在从众的潮流中，被人推着永远找不到自己的方向。

我从来不是一个很爱饭局的人，在所有人忙着迎合，忙着打关系时，我只会低头忙工作。我一直觉得，把自己手头的活做好，比见多少人、搞多少关系更重要。也不是不属于做这些人际关系，而是更喜欢一个人待着。不沉迷于热闹，不执着于社交，读本书、喝杯茶，看看风从眼前流过，闻闻香从花中浮起。孤独并不是贬义词，如果你能从寂寞中咂摸出丰盛和满足，那便是心灵的极大成长。

9. 警惕建议

是的，包括我的。我所说的一切建议，你都可以不接受。

所有建议的前提，都是建立在自己的人生之上。不管一个人多厉害，他都能且只能经历一种人生。而你的生活，必然有和他不甚相同的点，所以，没有谁能够完全复刻别人的人生。别人哪怕再成功，于你而言，可以借鉴方法论，可以提高同样的能力，但不能不假思索地照搬照抄。

一个人的生活高度不可能突破自己的认知高度，换句话说，认知高度就是我们人生的天花板。不断去提高自己的天花板，才能得到更开阔的视野。

每个人都有不同的经历，每个人都只能认知到自己的认知。所以，有时候无法认同别人，那就不要强求。因为你有自己的理性，有自己的批判性思维，不全盘接受别人的观点是对自己人生的尊重。世界上发声的人太多了，如果每天都在采纳，你会发现，这些观点大多相互矛盾。对别人的话保持怀疑，加以评判：对的可以接收，错的就扔掉。

你要有自己的主心骨，有自己的信仰，有自己赖以生存的技能和法则。你需要不断去做事，经历成功，且在每次成功之后，找到原因，复盘总结方法，提取可以通用的方法论，并且复制下去。

成为你自己，不要成为其他人。这世界已有太多的其他人，你要成为稀缺的自己。

最后，我想说，人生真没有你想的那么长，我们没有时间去抱怨指责，没有时间去虚度消磨。这世界上没有任何一样东西是不变的，包括生命和金钱，我们不应该锲而不舍地追求永恒，而要幸福地沉浸于每一天的美好。

当下即永恒。

亲爱的女孩，请你一定要相信，你的思想是有价值的，你的行动是有力量的。生为女孩,你很幸运,也很美好。不要胆怯,不要慌张,你可以仰天大笑,也可以低头痛哭,别人没有干涉你的权利,也没有批评你的理由。无所拘束,无所畏惧,每一次的尝试都是突破,每一次的失败都是经验。

无论你现在多少岁,去享受你的性别,去做自己热爱的事情,去过自己理想的生活,去成为你想要成为的人。你是宝石般璀璨的人,你要爱惜内心的世界,要保护灵魂的自由。你要相信,明媚闪闪的人生,正向你奔赴而来。

我一直有个愿望,希望所有的女孩都自信微笑地说:"生为女孩,我很幸运!"但愿这一天,可以早点到来。

心如湖面，我们从湖上走过，见己、见人、见众生。

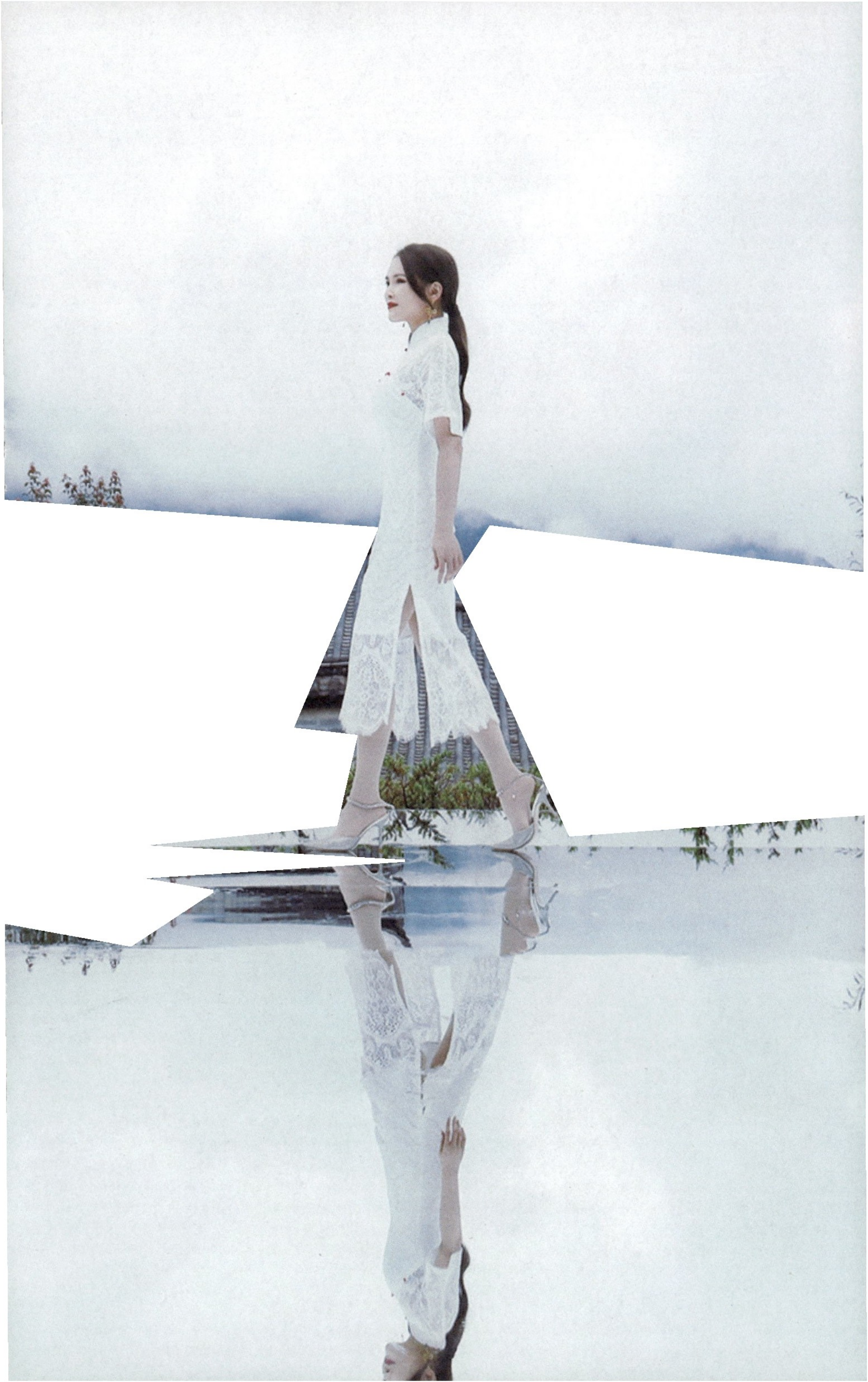

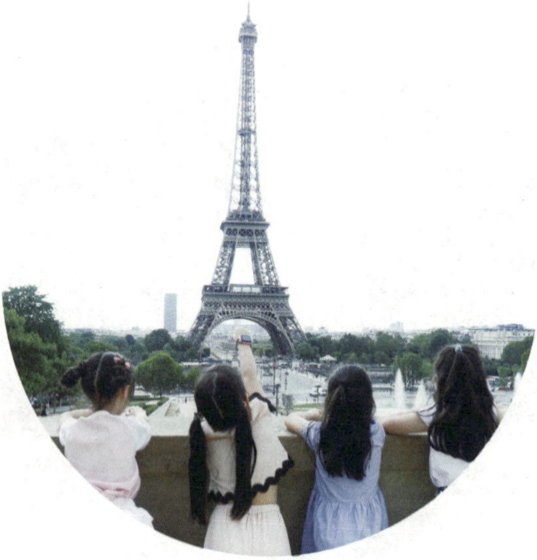